Empieza de cero

Alonso Caparrós

EMPIEZA DE CERO

Transforma tu interior y consigue una vida nueva

Planeta

Av. Diagonal, 662-664, 08034 Barcelona
www.planetadelibros.com

Primera edición: mayo de 2023
Depósito legal: B. 6.610-2023
ISBN: 978-84-08-27172-7
Preimpresión: J. A. Diseño Editorial, S. L.
Impresión: Liberdúplex
Printed in Spain – Impreso en España

Índice

A mi propia voz interior,
que tanto maltraté pero que nunca me abandonó.
A todas las caricias en la nuca, los besos en la frente
y los sándwiches calientes que Angélica me prodigó
sin que yo apartara la vista del ordenador
mientras escribía este humilde libro.
A todos los obstáculos y tragedias
que me ha impuesto la vida.

1

La buena gente

La bondad, la amabilidad, la alegría, la compasión, la calma, la paciencia, el necesitar poco y la entrega a los demás son algunos de los ingredientes con los que se cocina la felicidad. **La felicidad de verdad, la duradera,** no tanto la que tiene que ver con momentos puntuales de alegría, euforia o satisfacción, sino más bien la que se consigue cuando uno es capaz de mantener la compostura a pesar de las circunstancias de la vida, sobre todo las inevitables, como el cambio y la muerte, porque ha entendido lo esencial.

Pero esa no es la cuestión; intentar dar con las claves de la felicidad es algo que todos vienen haciendo desde que el mundo es mundo, por así decirlo. Los religiosos, los filósofos, los científicos, y ahora los *coaches,* las proclaman sin cesar, a menudo en exceso. Y yo no soy ninguna de esas cuatro cosas. Lo que resulta complicado es contestar por qué, sabiendo casi siempre cuáles son sus secretos, parecemos incapaces de conseguirla.

El aroma de la bondad

Retrocedamos treinta y cuatro años. Hasta los diecisiete, yo era un buen chaval. Obedecía a mis padres, sacaba unas notas aceptables, era deportista, no salía mucho y era guapete. Pero al llegar a esa edad, todo empezó a torcerse peligrosamente de forma inesperada. Empecé a suspender, a perder cursos, a desobedecer a mis padres, a salir de juerga hasta horas intempestivas, a tontear con las drogas y a dar tumbos.

En un intento desesperado, mi padre, que era compañero de profesión, habló con María Teresa Campos, que en ese momento era la reina de las mañanas en Televisión Española, y le pidió que me hiciera una entrevista para ver si podía encajar en su equipo.

Me entrevisté con ella un viernes, y el lunes siguiente empezó mi carrera en los medios de comunicación, que a día de hoy, casi treinta años después, he mantenido de manera ininterrumpida y que me encanta.

Al cabo de un par de años me ofrecieron mi primer trabajo como presentador en un programa de TVE y, desde ese momento, mi carrera se disparó. Un poco más tarde, Antena 3 me propuso que presentara *Furor,* que se convirtió en un gran éxito. Me situó entre la *crème de la crème* de los presentadores de España.

Llegaron la fama desmedida, el reconocimiento, la subida de estatus social, el dinero, la casas, los coches…, pero lo que mucha gente no sabía era que detrás de aquella luminosa vida había un lado oscuro que me atenazaba, una caída en picado a los infiernos de la que no era consciente. Lo que hasta entonces había sido un tonteo con las drogas se convirtió en un grave problema de adicción, y empezó mi calvario. Una adicción que me acompañó durante veinte años y que casi acaba conmigo y con toda la gente que me rodeaba y me quería.

Mis vínculos familiares se rompieron por completo, me arruiné económicamente y casi pierdo a mis hijos. Esta combinación de tragedias terminó por destruirme por completo, hasta llegar a un punto en el que me quedé absolutamente solo, sin trabajo, sin dinero y sin ninguna esperanza. No había nada en el horizonte que indicara que esa situación fuera a cambiar.

Y ahora viene una parte muy importante. Todo, de forma inesperada, empezó a cambiar, y mi vida, poco a poco, fue transformándose hasta dar un giro de ciento ochenta grados.

No me quedaba mucha fe en el ser humano, incluido yo mismo, y de repente apareció ella. Me fijé en Angélica porque me pareció guapísima, no porque pensara que fuera buena persona. Yo estaba soltero, era una noche estrellada de verano, en un local de moda, y un servidor buscaba lo que busca todo el mundo en esas circunstancias: una inolvidable aventura de verano.

Todo empezó como tal, y las cosas iban por el cauce adecuado. Tardamos tres días en besarnos, cuatro en acostarnos y regresé a Madrid antes de tiempo para volver a verla. Un clásico. Y eso que todos sabemos que existe un alto porcentaje de probabilidades de que un amor de verano se malogre en cuanto los protagonistas se reencuentran, lejos ya de las arenas blancas, las aguas turquesas, las raciones de chopitos y los *gin-tonics* a la luz de la luna rodeados de palmeras. Afortunadamente, no fue nuestro caso. Más bien todo lo contrario.

Empezamos a desgranar nuestras historias el uno frente al otro en aquellas primeras citas y, sin darme cuenta, poco a poco, al escuchar la suya me iba impregnando de su esencia, una esencia que provocaría un antes y un después en mi vida.

Angélica, mi mujer a día de hoy, era y es, ante todo, una buena persona. No porque se lo haya currado o se haya esforzado, sino porque vino al mundo así, rezumando bondad.

Aunque parezca lo contrario,
no es fácil nacer siendo esencialmente
bondadoso, y mucho menos serlo
en este mundo cada vez más complicado.

Ser bueno significa, principalmente, ayudar a los demás y preocuparse por ellos. Se dice pronto, pero serlo no resulta nada fácil. Yo lo sé, porque me esfuerzo para conseguirlo, pero es ver la naturalidad con que la bondad emana de ella lo que, en gran medida, me inspira. Requiere paciencia, calma, juzgar poco, saber escuchar, entrega, cariño, sacrificio. Cosas que no solo tenemos desentrenadas, sino que, además, no están de moda.

Hoy en día miramos a un lado y a otro antes de darle una limosna a un mendigo por aquello del que dirán. «Es para beber o para drogarse», «Para eso está Cáritas», «Es una mafia», «Si llevara suelto, le daba»…, son algunas de las excusas que nos contamos, pero, en el fondo, son solo eso, una excusa para pasar de largo ante la miseria.

La cuestión es que **la bondad no abunda, parece no estar a la vista, tenemos demasiada prisa como para ponerla en práctica o cosas más importantes que hacer** como para incluirla dentro de nuestros quehaceres diarios. Solo la sacamos a relucir en determinados momentos; como se suele decir: «**Los humanos sacamos lo mejor de nosotros mismos cuando peor están las cosas**».

Verás, Angélica empezó estudiando Filología Italiana. Para ti no es nada importante, pero sí para mí, y lo que yo aprendí gracias a ello es lo que trato de compartir contigo. Así que, como decía, comenzó Filología, pero algo no terminaba de encajar. Una tarde, casi al finalizar el primer curso, paseaba con su madre cuando se cruzaron con un niño con síndrome de Down. Ahora sé que se siente especialmente conectada con ellos, por una razón u otra, vete a saber... El caso es que la conmueven, la mueven a hacer cosas, a ser mejor, quizá.

Su madre, al ver aquella reacción, aquella especial conexión, que ya le era familiar porque le pasaba desde pequeñita, y habiendo notado que la filología italiana a su hija no le decía mucho, le preguntó allí mismo que por qué no estudiaba algo que tuviera que ver con esa espontánea alegría que le nacía al cruzarse con niños. Fue uno de los regalos más importantes que le hizo su madre: la liberó de sus ataduras y le dio alas a su innata vocación.

Angélica estudió, ahora ya sí, de verdad, Magisterio. Luego dirigió sus pasos hacia la Logopedia. Al acabar la carrera, pasó por una guardería de manera fugaz para aterrizar en un gabinete psicológico en el que trabaja desde entonces, hace unos veinte años. Cuando conocí a su jefa, y dueña del gabinete, aprovechó un momento en el que nos quedamos solos para decirme algo que nunca he olvidado: que Angélica podía no tener la amplia formación que tenían otros especialistas, pero que era insustituible. ¿Por qué?, diría un escéptico cualquiera. Pues debido a ese don natural, esa alegría que lleva con ella, esa luz que hace brillar a los demás y que es uno de esos dones que se tienen… o no se tienen.

Cuando al terminar el día nos contamos cómo nos ha ido en nuestros respectivos trabajos, no puedo evitar que se me quede una cara un poco de idiota y a menudo tengo la sensación de que yo solo pierdo el tiempo con majaderías. Entiéndeme, yo voy a lo típico, le hablo de las tensiones vividas, de mi cansancio, de mis pegas… Si tengo motivos de celebración, suelo acaparar casi toda la conversación, me vanaglorio, hablo más de la cuenta y, al acabar, sigo elucubrando para mis adentros con expectativas que, en realidad, sé que están muy fuera de mi alcance.

Ella tiene otro tono. Salvo raras excepciones, señala solo lo bueno de las cosas, lo más humano de sus tardes con los niños. Me cuenta que con Isabel, una de ellas, baila la coreografía de *Hawái,* de Maluma, cada vez que acaban una sesión, o que Alfonso le trae siempre un bocadillo como muestra de cariño. Puede parecer poca cosa, pero es un avance de un niño autista que, tras semanas de esfuerzo, por fin ha pronunciado una palabra.

Hay alegría y satisfacción en lo que cuenta y, cuando termina, toda su atención queda centrada en ese momento juntos en la mesa y en el rato de sofá que nos queda por delante antes de irnos a dormir. No hay en su mente nada más allá de esos momentos que están ahí para ser disfrutados.

Esa paz, alegría y satisfacción se consiguen cuando nos dedicamos a los demás, es el resultado de la suma de lo que los budistas llaman ***acciones meritorias.*** Angélica pone en práctica cada día todo lo que atañe a nuestra parte espiritual —su vida está dedicada a ayudar a los que lo necesitan—, que tan abandonada tenemos y que hace que nos sintamos como si no fuéramos del todo humanos. Me demuestra cada día que la felicidad se cocina con esas causas y condiciones y que, una vez elaborada, su aroma de bondad envuelve nuestra vida despertando el apetito en los demás.

Perros feos y hospitalidad

Mi mujer adora a los perros feos. Cuanto más feos sean, más tierna se pone.

Sospecho que esa forma de obviar el defecto físico guarda relación con su necesidad de atender el desvalimiento que conlleva. Recibir a gente en casa y sentar a la mesa a conocidos y extraños está entre las cosas que le proporcionan más felicidad. Desbordar la hospitalidad parece su único fin. Tengo que reconocer con vergüenza que, como implicado, no siempre estoy a la altura.

A veces me sorprende invitando a su vasta familia. Esos días es como si estuviera trabajando en un chiringuito en pleno mes de agosto, no doy abasto. No solo se trata de cocinar y sentarse a comer, sino también de desvivirse por los invitados, de sacar la mejor de las vajillas, de ofrecer todas las comidas caseras que le dé tiempo a preparar, de escuchar sus historias en largas sobremesas, de entregarse en cuerpo y alma; no hay nadie que no se sienta como en su propia casa. Pero no hace falta que sean familiares, son muchas las ocasiones en las que me encuentro en la mesa a la hora de comer al jardinero, el electricista o la chica de la limpieza, que incluso acaban llevándose táperes con cocido, filetes empanados o lo que se haya terciado.

Yo pensaba que para ser bueno había que hacer grandes cosas, irse a misiones en países lejanos o llevar a cabo actos sorprendentes. Y desde luego que eso es importante y que la gente que lo lleva a cabo es digna de admiración, pero **no todos somos Gandhi, y con ella he descubierto que tampoco hace falta.** Cualquier granito de arena, por pequeño que sea, cuenta.

La bondad deberíamos ejercerla en nuestro entorno, en nuestro día a día, con toda la gente con la que interactuamos y de una manera natural, sin aspavientos.

Verás, resulta que **la bondad, la alegría o la serenidad son contagiosas; tienen, a su vez, la capacidad de despertar la confianza en los demás.** Al menos, así me ha ocurrido a mí. Fui recuperando la confianza que había perdido en las personas a medida que me iba fijando en los actos bondadosos de los demás, por muy pequeños que fueran. Y empecé, permitiéndomelo muy poco a poco, a fijarme en los míos, que desdeñaba para autocastigarme por mis errores. La bondad de los demás me ayudó a liberarme.

Al recuperar esa fe perdida de entre las brumas de mi pasado, empezaron a aparecer todas las buenas personas con las que coincidí en mi vida y a las que injustamente había relegado al olvido. A cuántos de ellos, si no a todos, me gustaría agradecerles lo que su bondad natural fue esculpiendo en mi alma sin aún darme cuenta y el bien que siguen haciéndome al recordarlos… Gente a la que, sobre todo a quienes ya se han marchado, he ido queriendo más a medida que pasaba el tiempo.

Va a ser verdad eso que dicen de que **a medida que nos acercamos a la vejez empiezan a aflorar recuerdos cada vez más lejanos, más cercanos a la niñez y a nuestra juventud.** En los últimos días de su vida, casi con cien años, mi tía abuela María contaba que veía corretear a sus hermanos pequeños, jugando aquí y allá por el patio de nuestra casa. Ella juraba que los veía y, digan lo que digan, yo sé que no se le había ido la olla. Tal como yo lo veo, estaban allí para acompañarla adondequiera que vayamos.

Salvando las distancias, porque me faltan unos cuantos para los noventa y tantos, tengo la impresión de que me está sucediendo algo parecido. Cada día que pasa tengo la impresión de que recuerdo de una manera más vívida a determinadas personas, buenas de corazón, con las que compartí algo de mi existencia en un pasado ya bastante remoto. Como el señor Antonio o Enrique.

El señor Antonio era un hombre corpulento, con algo de barriguilla, poco pelo y un aspecto entrañable. Allá por los setenta —maravillosos años, por cierto—, aún existía la inteligente costumbre de que en cada edificio hubiera un portero. El señor Antonio era el nuestro. No solo trabajaba allí, vivía allí. Su contrato incluía un piso independiente ubicado en la última planta.

Desde mi perspectiva de niño, el señor Antonio era una especie de dios bondadoso que residía en las alturas y que velaba por todos los vecinos. Su centro de operaciones estaba en la planta baja, en una pequeña cabina con ventanilla desde la que atendía a quien lo necesitara. Mantenía el edificio pulcro, se ocupaba del mantenimiento, de que nadie se quedara atrapado en el ascensor, y casi siempre estaba disponible. Pero, **sobre todo, se encargaba de cuidarnos** y de vigilar a los desconocidos que transitaban por las aceras cuando íbamos a jugar al parque que había justo enfrente. Nuestros padres respiraban tranquilos y nosotros sentíamos su protección. Lo recuerdo con su bata azul, mirando como jugábamos desde el portal, con las manos en la espalda, pero sobre todo me acuerdo de como acariciaba a mi perro, Ligero, cuando me tocaba sacarlo.

Otra de esas buenas personas era Enrique, un profesor particular que tuve con diecisiete años. Cuando mi madre me dijo que había encontrado un profesor que era militar, me temí lo peor. Lo primero que pensé fue que usaría conmigo la disciplina marcial para enderezarme en los estudios, pero, para mi sorpresa y regocijo, fue algo totalmente distinto. En cuanto tuve algo de confianza, aproveché un recesito para preguntarle sobre cosas de su oficio, y resultó que le encantaba contar historias, y además lo hacía de maravilla. Se juntaron el hambre con las ganas de comer, y al cabo de muy poco tiempo teníamos que proponernos los dos no distraernos hasta que no faltaran diez minutos para terminar, pero sucedía lo contrario. Dábamos clase durante diez minutos y nos pasábamos el resto del tiempo charlando.

Yo le preguntaba sobre entrenamientos, maniobras, tanques, estrategias, la vida en el cuartel y cosas así, pero mi mayor gozo era cuando me hablaba de su especialidad, los explosivos. Me contaba dónde colocarlos para volar puentes, cómo fueron sus prácticas en minas de carbón a cientos de metros de profundidad o cómo un día se salvó de milagro de una explosión cuando era un novato. Me hipnotizaba que siempre se ayudara de un bolígrafo de punta fina recargable con motivos de camuflaje militar para ilustrar sus historias. Los dos disfrutábamos mucho; él veía en mí el hijo que nunca tuvo y yo al padre que nunca estaba.

Todas esas personas a las que nunca podré expresarles mi agradecimiento me recuerdan que **no siempre somos conscientes de lo que nos pueden aportar, apreciar o querer otras personas,** que es una pena no poder demostrarles nuestra gratitud y, sobre todo, que la bondad y el cariño más puros se manifiestan en los pequeños detalles que parecen no importar y que surgen espontánea y sutilmente. Como la mano del señor Antonio rascando la coronilla de mi perro o el bolígrafo de camuflaje que me regaló Enrique; pequeños detalles que hacen que nos sintamos menos solos en esta extraña existencia.

En este último caso, hubiese sido incapaz de comprender, cuando me lo dio, el inmenso valor que adquiriría aquel gesto pocos meses después. Me despedí de él un mes de julio y, al volver en septiembre de las vacaciones, me enteré de que había muerto. Una tos extraña, una visita al médico y una cirugía de urgencia que solo sirvió para certificar que un cáncer de pulmón lo había devorado sin que él se diese cuenta. Su muerte me entristeció muchísimo y me dio rabia. Nunca pude decirle la importancia que tuvo para mí y cuánto lo apreciaba; además, perdí en una mudanza su bolígrafo de camuflaje, ese que tantos años guardé.

La bondad, el cariño, la compasión
y la belleza están ahí en todo momento.
Nos acompañan para recordarnos que la vida
es mágica, pero vamos tan deprisa
que no les prestamos atención.

Reparamos en ellos un rato, nos congratulamos brevemente y nos volvemos a sumergir en la incierta vorágine de nuestros días sin darnos cuenta de que guardan muchas de las claves de nuestra salvación y felicidad. Pero si algo he aprendido en estos años es que, en realidad, son las únicas cosas que hacen que todo lo demás merezca la pena.

Por alguna razón que se me escapa, creo que todos somos conscientes de ello, pero ninguno hacemos nada al respecto. Lo sabemos, sabemos que **a medida que cumplimos años se van desvaneciendo los logros materiales o profesionales que hayamos podido conseguir y van cobrando más importancia esos momentos en los que hemos sido testigos de la belleza del mundo o del calor de los demás.**

En mi caso se van avivando recuerdos como el de mi madre escurriendo el paño con agua fría que me ponía en la frente para bajarme la fiebre, el de la mirada acuosa de mi padre sorprendido porque su hijo había dejado de ser un niño sin darse cuenta, el de aquel desconocido que una noche de perdición me recordó que yo valía demasiado y que luchara, el de mi perra Medianoche durmiéndose para siempre en mi regazo o el de aquellos copos de nieve que vi caer por primera vez en mi vida.

Solemos pensar que los seres humanos hemos llegado hasta aquí gracias a los grandes logros, las grandes conquistas, las grandes guerras. En este mundo hay por todas partes monumentos, crónicas, estatuas, plazas, calles y placas con el nombre de innumerables dirigentes políticos, generales, condes, científicos a los que se les atribuyen los méritos de la humanidad. Se les agradecen sus victorias en el campo de batalla, sus guerras aparentemente justas en nombre de Dios o de la libertad, sus genialidades a la hora de gestionar el mundo o sus invenciones. Las naciones a las que pertenecen los perpetúan convirtiéndolos en los generadores de la civilización, de la justicia y de las igualdades.

Personalmente, creo que no es así. **En el mejor de los casos, creo que estamos aquí a pesar de ellos.** Si hasta ahora hemos conseguido perdurar, no ha sido gracias a los actos de sangre, por muy justificados que parecieran estar, a heroicidades en el campo de batalla o a grandes descubrimientos. La historia del ser humano está abarrotada de atrocidades, de crueldad y de un mal uso de sus invenciones.

Seguimos aquí gracias a cada uno
de los pequeños gestos de amor,
sufrimiento, sacrificio, fe o resignación
de los que todos somos capaces.

Nacemos desvalidos. Lo primero que recibimos en esta vida es la ayuda de alguien; si nadie hubiese volcado algo de amor o cuidado en nosotros, no estaríamos aquí. Y así deberíamos vivir y marcharnos.

Recordar para reconstruirte

Los recuerdos, incluidos los que hemos creído olvidar, tienen un poder latente. Todo lo que nos ha pasado está ahí, integrado en nuestro yo, para que lo podamos consultar, evocar y aprovechar en el presente.

Hay piedras con las que el hombre no debería volver a tropezar, y no hay nada mejor para evitarlo que aprender de lo que ya nos pasó.

Busca un momento para estar tranquilo, enciende una vela o una varilla de incienso —si te gustan— y bucea recreándote entre tus recuerdos en busca de aquellos momentos y aquellas personas que te hicieron sentir feliz, protegido y acompañado. Amasa esos recuerdos. Explora tu propia memoria, que es el material intangible del que estás hecho. Retén las sensaciones que te traiga, disfrútalas y, sobre todo, agradécelas.

Los recuerdos tienen el poder
de cambiarlo todo.

2

Los mejores aliados

Créeme, puedes buscar y buscar, pero con los años he llegado a tener la plena convicción de que **no hay mejores aliados para afrontar una travesía en el desierto vital —en la que se necesitan calma, paciencia, evasión y combatir la soledad— que un buen puñado de libros.** En mi caso fueron buenos compañeros que supieron aliviarme, consolarme y enseñarme.

Me encanta pensar que son los libros los que nos eligen a nosotros, y no al revés. Imaginar que cada uno de ellos, con su contenido, tal vez con un trocito del alma de quien los escribió, aparecen cuando más los necesitamos. Tengo buenos motivos para creerlo: en uno de los momentos más cruciales de mi vida, empezaron a aparecer ante mí determinados libros y autores, sin que yo los buscara, que hablaban justo de lo que necesitaba oír y aprender.

Esta mirada a los compañeros de papel puede parecer aleatoria, pero es que últimamente me pregunto mucho por el momento en que tuvo lugar ese punto de inflexión en mi vida, totalmente inesperado, a partir del cual todo empezó a cambiar. A cambiar para bien. ¿Por qué en ese momento preciso? ¿Por qué entonces y no antes? ¿Por qué no después?

Fueron veinticinco años de perdición, de sufrimientos, de intentos vanos por salir del pozo durante los cuales nada ni nadie pudo rescatarme, y no fue por falta de intentos. ¿Qué fue, entonces? ¿Dios, la casualidad o simplemente alguna suerte de ley de la naturaleza que desconozco? Quizá es más sencillo de lo que pienso y solo se dieron las causas y condiciones correctas.

Yo creo que podemos estar perdidos
—porque lo estamos, y mucho—,
pero nunca estamos solos.

Para algunos puede sonar ingenuo, lo sé, pero es lo que creo. Unos dicen que nos acompañan seres de luz, ángeles de la guarda, antepasados que velan por nosotros, espíritus benévolos. Puede que sí, no lo sé, de momento no es demostrable, pero sí sé una cosa que cada uno de nosotros puede comprobar con un poco de dedicación: todos tenemos un maestro interior que siempre nos acompaña, una voz que sabe perfectamente lo que es bueno o malo para nosotros; lo que pasa es que, por extrañas razones, no le prestamos atención.

Por la razón que fuera, un buen día empecé a escuchar esa voz en mi interior y, aunque con ciertas reticencias y que a veces me pida que dé pasos que aún no me atrevo a dar, le voy haciendo cada vez más caso. Y son los libros, entre otras cosas, los que me ayudan a confiar en ella.

Tolstói en Huesca

La primera vez que me pasé una buena temporada en un pueblo perdido no se debió a que planificara un retiro para estar en soledad y encontrarme conmigo mismo a través de la meditación, el silencio y el contacto con la naturaleza. Acabé en una apartada aldea en las montañas aragonesas porque estaba huyendo de las llanuras como alma que lleva el diablo.

Las cosas por allá abajo se habían puesto muy feas, el conflicto con mi familia se había convertido en un circo mediático muy doloroso y tenía a la prensa en la puerta de mi casa. Así que no lo pensé demasiado, me preparé una mochila de emergencia, subí a mi perro Ulrich al coche y, carretera y manta, partí sin rumbo fijo. Tomé la A-2, que pasa al lado de mi urbanización, en dirección a Barcelona, y en cuanto estuve un poco alejado de la civilización, me paré en una gasolinera a buscar una casa rural lo más apartada posible.

No busqué demasiado, porque en cuanto encontré el sitio perfecto, en un alojamiento rural de Aluján, un pequeño pueblecito de Huesca, supe que ya tenía destino.

Me llamó la atención el lugar porque se trataba de una fortaleza de finales del siglo XV, y a mí esas cosas me chiflan, la verdad, con sus torres defensivas y pinturas medievales. El lugar había sido rehabilitado para adaptarlo a las necesidades del ser humano contemporáneo, pero, según las fotos, conservaba ese aspecto de castillo medieval autoabastecido, con paredes de piedra, pasillos habitados por armaduras, lagares, horno de pan e incluso capilla. Algunas de las habitaciones tenían hasta chimenea propia, cosa que se me antojaba celestial.

Lo vi claro, casi como una señal divina, así que hice la reserva y puse la dirección en el navegador.

El lugar superó con creces mis expectativas; era una pasada, infinitamente mejor de lo que había imaginado. Apartada de la aldea, la antigua fortaleza se alzaba rodeada de campos y montañas. Todo el entorno transmitía una genuina sensación de antigüedad y de historia. Además, tenían un burro, llamado Rufo, al que podía darle de comer pan seco, e incluso una habitación encantada. Según me contó Quino, el dueño, el fantasma de un antepasado velaba una estancia concreta y ya había dado más de un susto a algún cliente materializándose en las noches de luna llena. Aquello terminó de enamorarme, si es que no lo estaba ya: el sitio era fascinante en todos los sentidos.

Piedra, madera y chimenea eran los elementos básicos de mi habitación, que daba a un patio interior con una fuente llena de peces. Aunque mi espacio contaba con dos plantas, decidí hacerme fuerte en la baja. Extendí la cama plegable del sofá del salón justo enfrente de la chimenea porque ya había decidido que ella, Ulrich y Rufo iban a ser mi única compañía. Completé mi pequeño feudo con una mesa para dejar el tabaco y las tazas de café y sentí la absoluta convicción de que tenía todo cuanto necesitaba.

Era lo único que necesitaba en ese momento de mi vida: acurrucarme en un acogedor refugio en el que sentirme a salvo.

Pero mi equipaje de huida era muy precario. Con las prisas, no había caído en coger demasiada ropa, por no decir casi ninguna. Desde luego, no se me ocurrió echar mano a nada que pudiera servirme de abrigo y, para más inri, tampoco me había acordado de llevarme un solo libro.

En esas circunstancias, no sorprende que, en cuanto conseguí aclimatarme y se relajó mi deslumbramiento inicial por el entorno, empezara a aburrirme en todos sus espacios, que cada vez se me hacían más y más amplios. **Entre unas preocupaciones y otras, el aire parecía oprimirme más que liberarme, quizá porque era el escenario perfecto para empezar a pensar en todo lo que había querido dejar fuera, ignorado, durante demasiado tiempo.**

Recurrí entonces a la hermana de Quino, una mujer entregada a los trabajos duros de granjera, pero que también era una gran lectora. Le pregunté si me podía dejar algún libro con el que entretenerme y no tardó en presentarse con una selección de tres o cuatro que me ofreció para que eligiera, con una sonrisa que hablaba de la ilusión de prestar libros en los que ya se ha soñado. Ni siquiera tuve que devanarme mucho los sesos: uno de ellos atrajo inmediatamente mi atención. La portada representaba un ocaso abrasador que enrojecía, hasta casi no poder reconocerse, un paisaje desolado coronado por nubarrones negros. En el centro se leía en letras blancas el nombre de Lev N. Tolstói y un título: *Relatos.*

En cuanto empecé a leer, mi huida se convirtió en el inicio de una transformación y de una necesidad de soledad conmigo mismo que me duró meses.

Yo no soy crítico literario ni ningún entendido, pero tampoco hace falta serlo para, con solo leer algunas líneas, darse cuenta del talento que tenía aquel señor para escribir. ¡Qué portento! ¡Qué manera de contar las cosas! Y eso que, si he de ser completamente sincero, lo que más me atrapó en un principio fue la breve biografía del autor que aquella edición ofrecía como preámbulo del libro.

Fue entonces cuando descubrí que Tolstói, tras triunfar con su eterno e imprescindible *Guerra y paz,* sufrió una crisis existencial demoledora. El estado en que se sumergió lo empujó a escribir *Mi confesión,* en el que describió un proceso de conversión, de transformación, producto de su decepción consigo mismo y con el mundo que lo rodeaba. En la biografía se leía un fragmento de aquella obra que me marcó especialmente:

> Ser apóstol [de las letras] era cosa agradable y provechosa. Viví mucho tiempo en aquella creencia, sin cuestionarme su veracidad [...]. Pero lo extraño fue que, habiendo comprendido aquella mentira, habiendo renegado de ella, no renuncié al título que me habían dado aquellos hombres, el de artista, poeta, maestro... En mis relaciones con esos hombres **adquirí un nuevo vicio, un orgullo que creció hasta convertirse en enfermedad: una loca seguridad de creerme destinado a enseñar a los hombres.**

A partir del momento en que tomó conciencia de aquello, tras la escritura de *Mi confesión* y con aquella transformación completada, todo en su vida y en su estilo dio un giro hacia la religión y la espiritualidad, en su búsqueda de la verdad, por la que siempre estuvo obsesionado.

Los buenos escritores consiguen que te sientas conectado a los estados emocionales de sus personajes o de ellos mismos. No pude evitarlo y establecí rápidamente correlaciones entre aquella etapa oscura de su vida y la que yo mismo estaba viviendo.

Yo también estaba desesperado,
decepcionado con el mundo y conmigo mismo.

Había conseguido fama y éxito, pero ninguno de los dos había logrado darle sentido a mi vida y, a esas alturas, lo que yo necesitaba desesperadamente era encontrar respuestas. Para empezar, me propuse conocer un poco más al señor Tolstói.

Leí algunas obras más: *Mi confesión,* por supuesto, *Resurrección* y *Anna Karenina.* Decir que me sirvió de mucho es quedarme corto. Su compañía fue clave para mí: me ayudó a combatir la soledad, me indicó el camino espiritual y disfruté como un enano con su manera de escribir y de contar historias. Desde entonces somos buenos amigos.

Reservo *Guerra y paz* para leerlo dentro de poco. Lo reservo con el mismo celo con que uno se resiste hasta el final al pastel que más le gusta de la bandeja, sabiendo que lo disfrutaré y lamentando que se me termine antes aún de haberlo empezado. Es mi pecado, el único que me resta para que un dios de la literatura como él pueda perdonarme.

El lama, los vaqueros y la muerte

El libro tibetano de la vida y de la muerte fue la siguiente lectura que se cruzó en mi camino sin que yo la buscara. Me lo recomendó una de mis terapeutas al finalizar una de nuestras sesiones.

Estaba escrito por Sogyal Rimpoché, pero en ese momento no me fijé mucho en su nombre, pues estaba mucho más pendiente de los títulos del índice que me iba leyendo María, la psicóloga, y que me tenían abducido, que de cualquier otro detalle. Títulos como *Ante el espejo de la muerte, Reflexión y cambio, La naturaleza de la mente, El camino espiritual, La esencia más profunda, Consejo de corazón sobre la asistencia a los moribundos, La compasión: la joya que concede todos los deseos, Prácticas para morir, Ayudar después de la muerte, La experiencia de proximidad a la muerte,* todos ellos me sugerían cosas, pensamientos, que en el momento parecían cruciales o, como mínimo, capaces de marcar la diferencia para mí. Lo primero que hice tras terminar aquella sesión de terapia fue hacerme con una copia.

La palabra *muerte* estaba por todas partes. *Muerte. Muerte. Muerte.* Y puede que esto no sea una sorpresa, pero es que resulta que la muerte era algo en lo que yo pensaba mucho.

Pensaba en la muerte no solo con temor, algo que más o menos todos habremos sentido en algún momento u otro, sino con demasiado *temor.*

Más miedo del habitual, quiero decir, porque el perdón conmigo mismo, mi familia y la reconstrucción de mi vida parecían muy lejanos. Me producía mucha angustia pensar que mis padres, ya mayores, o yo mismo, por culpa de mis excesos, pudiéramos morir sin poner las cosas en orden. **No era consciente en ese momento de lo importante que es estar en paz con la muerte para que la vida se haga soportable.**

Puse en aquel libro buena parte de mis esperanzas. Parecía ofrecerme respuestas, así que me zambullí en sus páginas como si allí estuviera todo lo que necesitaba para seguir adelante. Lo leí sin prisas, volvía atrás una y otra vez, me aprendía párrafos de memoria, subrayaba, tomaba notas y las pegaba por toda la habitación.

En la lectura descubrí que el autor contaba cosas interesantísimas sobre la muerte, sobre cómo afrontarla de la manera más serena posible, tanto durante la vida como llegado el momento de despedirnos. Explicaba la realidad y como es percibida de una manera perversa por nuestra mente, insistía una y otra vez en **la importancia de nuestra parte espiritual, de nuestra bondad, compasión, empatía y alegría,** y dedicaba amplios capítulos a la naturaleza de nuestra mente, a cómo disciplinarla y aprender a meditar. Todo desde la perspectiva del budismo.

Me sorprendió muchísimo descubrir que, a pesar de la obviedad de que el cambio condiciona la existencia de todas las cosas y los fenómenos, nuestra mente se resiste a él de manera ciega y obsesiva. Ante nuestro destino, la muerte, solo quedan tres opciones: ignorarlo, amargarse o aceptarlo. El budismo opta por lo tercero, es decir, conocerlo, entenderlo y, sobre todo, trascenderlo. Eso sí, y también es algo que dejaba muy claro el libro, conseguirlo es una ardua tarea.

Me pasaba todo el día con el libro debajo del brazo y meditando como si no hubiera un mañana. Y no cejé en el empeño porque, aunque fuera muy sutilmente, desde el primer momento empecé a detectar cambios en mi interior y en mi vida. Una serie de cambios y sensaciones que no había experimentado antes y que nacían de ir tomando conciencia de la verdadera realidad y de nuestra extraña naturaleza como seres vivos, llena a la vez de limitaciones, de oscuridad y, al mismo tiempo, de una luminosidad única en todo el universo conocido. Tanto o más sorprendente que las estrellas, los agujeros negros, las estrellas fugaces o que el espacio se curve es nuestra capacidad de sufrir, amar y sentir compasión por otro ser vivo; de hecho, la ayuda y el consuelo mutuo es lo único que tenemos ante este vasto, solitario y misterioso universo. Como decía Carl Sagan, no parece que vaya a venir nadie a salvarnos.

Quise ampliar mi biblioteca y añadí algunos libros más, estos sí, buscados a conciencia. Una biografía de Buda titulada *Camino viejo, nubes blancas* que me encantó, un tratado breve sobre el silencio y, sobre todo, me dio por el dalái lama. No tenía ni idea de qué autores eran fiables a la hora de empaparme de la filosofía y los conceptos budistas, así que opté por uno de sus guías espirituales.

Además, era un hombre que siempre me había llamado la atención. El hecho de que viviera la pérdida de su país, de que tuviera que huir a la India tras la invasión china, con todo el sufrimiento que conllevó, hace que su mensaje de paz, perdón y compasión me resulte fiable. Su experiencia vital avala la idea de que cualquier ser humano, a través de la vía de la sabiduría, la compasión y el pensamiento altruista, es capaz de alcanzar el concepto budista de 'liberación'.

Me hice con varios libros suyos: *La meditación paso a paso, Las cuatro nobles verdades, El arte de la sabiduría* y *El universo en un solo átomo.* Y seguí con lo mío, leía y meditaba, meditaba y leía sin parar, y poco a poco empecé a ver el mundo y a mí mismo con más claridad.

Me pasé un año entero sumergido en ese estado entre obsesivo y catártico, hasta que **llegó un momento en el que me di cuenta de que estaba a punto de pasarme con los libros sobre el budismo lo mismo que a don Quijote**

con los de caballerías: solo me faltaba hacerme con una túnica de color azafrán, raparme la cabeza y echarme a los caminos con un bastón para pregonar el mensaje de Buda. Demasiado incienso puede acabar por embotarte. Además, realicé un descubrimiento que hizo que me llevara una gran decepción.

Descubrí que Sogyal Rimpoché, el autor de *El libro tibetano de la vida y de la muerte*, libro en el que tanto había confiado, del que tanto había aprendido y que presidía mi mesita de noche, fue acusado en 2017 por ocho de sus discípulos de «abusos físicos, emocionales, psicológicos y sexuales» y denunciaron su modo de vida «extravagante» y de «derroches».

Tal descubrimiento me desalentó muchísimo, me decepcionó como si hubiera descubierto el pecado imperdonable de un verdadero amigo, así que tuve que gestionar el duelo de no volver a querer saber de él o de nada que me lo recordase. Me sentía enfadado, estafado. ¿Cómo era posible que un hombre capaz de escribir un libro con mensajes y enseñanzas tan importantes y útiles hubiera sido capaz de utilizar ese mensaje de paz, amor y preocupación por los demás para fines tan oscuros como aquellos de los que lo acusaban? Llegué a la conclusión de que no debía seguir por ahí y de que era el momento de pasar página.

Necesitaba un descanso, así que intenté buscarme una

novelilla relajada que me entretuviera un rato. Mientras zapeaba, uno de aquellos días me encontré con una vieja película de Robert Redford, *Las aventuras de Jeremiah Johnson,* que mi hermano y yo habíamos visto juntos cientos de veces cuando éramos unos chavales.

Para quien no la conozca, la película cuenta la historia de un hombre que lo deja todo para convertirse en trampero en las montañas del lejano Oeste aún por conquistar, inexplorado y repleto de indios. Era tal la aventura, y quizá también la nostalgia de tiempos mejores que trajo consigo, que no pude evitar preguntarme si aquella historia la habría contado ya alguien antes en un libro, como a menudo ocurre. Tras una breve investigación en internet descubrí que sí, que, en efecto, existía esta novela original, aunque con otro nombre: *El trampero.**

Me hice con él y lo devoré. Como suele pasar y a nadie sorprende, el libro era cien mil veces mejor que la película. Logra que se desate una magia que es difícil conseguir en cualquier otro formato, así que me permitió pasar varias tardes de sofá, envuelto en un manta, devorando páginas y

---

* Más adelante descubrí también que, en realidad, la película se basa en esta obra (cuyo título original era *Mountain Man,* y su autor, Vardis Fisher) y en *Crow Killer: The Saga of Liver-Eating Johnson,* de Raymond Thorp y Robert Bunker, sin traducir al español.

páginas que hablaban de paisajes inmensos, de libertad, de búfalos, osos, cabañas en los bosques, tabaco de mascar y del fin de toda una época irrepetible.

Me quedé con ganas de más. No parecía haber tenido suficiente de indios y vaqueros con aquella novela, así que adquirí una colección entera, y a la lectura de esta le siguieron las de *El rebelde Josey Wales, Sigue el viento libre, Baila con lobos, El camino sagrado, Bajo cielos inmensos, El tren de las 3:10 a Yuma* y *Centauros del desierto.*

Aquella colección sigue siendo a día de hoy una de las mejores compras que he hecho en mi vida, y esas novelas ocupan un lugar privilegiado en mi pequeña biblioteca particular. No principalmente por su calidad literaria, que también, porque algunas de ellas son realmente maravillosas, sino por lo que me aportaron en aquel momento crucial de mi vida.

Me transportaron a mi niñez, a los tiempos en los que en mi cajón de juguetes había cartucheras, chalecos y sombreros de vaqueros. Con aquellos libros **recuperé, además, algo que había perdido hacía tiempo: el leer por leer, solo para disfrutar de una historia, sin buscar ni pretender encontrar respuesta alguna,** aunque, ya se sabe, con la lectura eso es imposible. Tampoco pude evitar identificarme esta vez con la **necesidad de cielos abiertos, de libertad, y con la nostalgia por el paso del tiempo y**

el desvanecimiento de todas las cosas que había amado, tal como experimentaban los protagonistas de aquellas aventuras. Una vez más, sentí que no estaba tan solo.

A pesar de mis intentos por ignorarla, la idea de la muerte seguía rondándome y, aunque había relegado con desdén a la estantería más alta de mi despacho el libro que me había abierto las puertas a aquel millón de preguntas interesantes, no dejaba de pensar en él. Le di vueltas al asunto hasta que una idea, precisamente incluida en el libro y que vino de repente a mi memoria, me sirvió para reconciliarme con el budismo:

No escuches al mensajero, escucha el mensaje.

Es una frase muy sabia que hizo que me diera cuenta de que estaba cometiendo varios errores y de que había mucho que aprender de la historia de Sogyal Rimpoché. Mis errores fueron idealizar el budismo y a los seres humanos. Tanto el budismo como otras muchas religiones guardan un mensaje parecido, el del amor, el perdón y la compasión, pero desde el momento en que ese mensaje se cruza con el hombre, corre un alto riesgo de pervertirse.

No hay ni una sola religión que se libre de que el ser humano la use para obtener beneficios que nada tienen

que ver con ella. Aún tenemos demasiado miedo e incertidumbre como para dejar de ser débiles e imperfectos y, ante nuestro sufrimiento y la posibilidad de que tras la muerte nos espere la oscuridad total, no resulta extraño que perdamos la calma y nos aferremos con desesperación a lo que sea, a lo bueno, pero también a lo malo, como el odio, la rabia o el enfado. Sin embargo, entender nuestros defectos y debilidades hace que sea más fácil perdonar a los demás y perdonarse a uno mismo.

Desde que lo tuve presente soy bastante mas feliz y me cuesta muchísimo menos desterrar las emociones negativas que pueda sentir hacia los demás por sus supuestas afrentas. Y al mismo tiempo me ayuda a extraer de ellos su parte buena, porque todos tenemos, por muy malos que seamos, resquicios de bondad que asoman en algún momento y que podemos aprovechar, sea quien sea el mensajero.

Volví a fiarme del budismo, pero sabiendo ya que tampoco era la panacea y que tenía que preocuparme por discernir qué me servía de él y qué no.

Encuentros cercanos a la muerte

Una de las cosas que podían serme útiles era la alusión a determinados autores que habían escrito sobre experiencias cercanas a la muerte. Al igual que muchas personas, yo también había escuchado historias que hablaban de lo que pasa tras la muerte, ya sabéis, el túnel con la luz al final y esas cosas, pero nunca me fiaba de tales relatos. Pensaba que eran cuentos de personas con exceso de fe o patrañas esotéricas.

Sin tener ni la más remota idea de quién era, me compré uno de los libros de una tal Elisabeth Kübler Ross. Me gustaría poder contar que la descubrí en medio de alguna suerte de revelación paranormal, pero la verdad es que la elegí por el mero hecho de que el título de su obra me resultó sugerente: *La muerte, un amanecer.* Me lo llevé sin saber muy bien qué me iba a encontrar.

Contra todo pronóstico, cuando, ya en casa, leí la solapa del libro y toda la información que contenía sobre la autora, me acomodé en el sillón de lectura y le saqué punta al lápiz, asumiendo que lo iba a necesitar, y mucho, para subrayar. La persona en la que había confiado para que me explicase algo sobre lo que ocurre cuando morimos era una doctora en Medicina y Psiquiatría especializada en estudios sobre la muerte y cuidados paliativos, autora de una veintena de libros traducidos a no sé cuántos idiomas y que acumulaba veintitrés doctorados honoríficos.

Para extraer sus conclusiones y llegar a la convicción de que existía la vida después de la muerte, se pasó innumerables años sentada en el borde de la cama de los moribundos para acompañarlos, consolarlos y tomar minuciosas anotaciones. A lo largo de su investigación apuntó, catalogó y comparó, con un método científico, los relatos de más de veinte mil casos de personas que habían regresado de la muerte en distintos lugares del mundo.

No fue un camino fácil: en cuanto traspasó la línea de lo que la mayoría entendía por científico y empezó a publicar testimonios de experiencias extracorporales, le llovieron las críticas de sus colegas, que la acusaron de «traicionar su integridad». Sin embargo, todo ello contrasta con el reconocimiento a su trabajo que han supuesto los numerosos y ya mencionados doctorados honoríficos.

El asunto, en líneas generales, es que **existen testimonios documentados de personas que han vuelto a la vida después de que se las considerara clínicamente muertas.** No todo el mundo tiene esas experiencias, el porcentaje está entre el diez y el veinte por ciento de casos, pero lo relevante es que en todos ellos se repiten determinados patrones al margen de la edad, posición social, religión, nacionalidad o lugar donde hayan muerto.

Tres de esos patrones son: un **sentimiento de liberación al morir;** una serie de **experiencias extracorporales** en las que se está provisto solo de energía psíquica y se puede ver todo lo que ocurre en el lugar de la muerte, la habitación del enfermo o allá donde se deje el cuerpo, y una última, a partir de la cual no se sabe nada, en la que vemos una **luz ante la cual sentimos una inmensa sensación de amor, comprensión y paz.** Eso, en líneas muy generales; los detalles de casos reales que se cuentan en el libro a mí me dejaron impactado.

Indagué un poco más y descubrí más literatura científica que hablaba de lo mismo. Hace poco escuché al doctor Sans Segarra, exjefe del Servicio de Cirugía del Hospital de Bellvitge (Barcelona), hablar sobre casos de experiencias cercanas a la muerte a lo largo de su extensa carrera. Son historias que se pueden encontrar en YouTube y que le recomendaría a cualquiera.

Os reconozco que saber de esas experiencias cercanas a la muerte me da muchísima esperanza. Hace que uno cuente con testigos de que algo pasa tras morirse y de que, tal y como está documentado científicamente, se repiten patrones, lo cual indica que no es producto de la imaginación, sino que podríamos pensar que sucede de verdad.

Aun así, caben muchas más preguntas. Lo primero que se me ocurrió pensar fue que todo eso estaba muy bien, que era genial. Me creo lo que me cuentas, hasta todo el tema ese de la luz, pero, ahora, ¿qué hago con esta información? ¿En qué cambia las cosas que nos creamos solo criaturas biológicas creadas al azar o seres especiales dotados de conciencia y con una vida extracorporal más allá de la muerte? Es decir, ¿realmente cambia algo?

A veces pienso que, aunque se demostrara que Dios existe, las cosas seguirían igual.

En realidad, tiene todo el sentido, porque durante siglos lo creímos a pies juntillas como sociedad, y eso no evitó que siguiéramos dándonos estopa unos a otros con la misma saña o más. Daría igual, supongo. Si existiera de veras, lo poco que ha demostrado hasta el momento es que no da su brazo a torcer y que, por muy omnipotente que sea, las pruebecitas a las que nos somete son como para no querer dirigirle la palabra. Es decir, uno mira a su alrededor y tiene todo el derecho del mundo a preguntarse: «Pero esto ¿qué cojones es?».

Pero, como decía, lo pienso solo a veces. Para mí hay una diferencia entre creer que las experiencias cercanas a la muerte nos hablan de algo relacionado con el amor o seguir creyendo que al morir simplemente desaparecemos en la oscuridad. **Tener presente mi muerte, prepararme para cuando llegue el momento, depositar algo de esperanza en ella, me da otra visión de la vida, la dota de sentido y**

me ayuda a valorarla como se merece, con agradecimiento, admiración y respeto.

Entre los detalles que se repiten en esos testimonios está el de que al morir aparece un ser querido ya fallecido que nos amaba para acompañarnos, la imagen del dios al que nos hayamos encomendado o una luz tranquilizadora.

Estoy algo más sosegado desde que veo las cosas así, aunque otras veces piense que, aun sabiendo que más allá hay todo un paraíso, preferiría quedarme en este extraño, cruel y bello lugar, en el que tanto sufro y tanto amo, llamado *vida.*

3

Mi nuevo amigo

No quería sufrir más ni que los demás sufrieran por mí. No quería seguir odiando al mundo ni a Dios. No quería avergonzarme más de mí mismo. No quería llorar tanto ni tampoco pensar como pensaba. No quería volver a llevar la vida que llevaba antes y no quería volver a ser el de antes. No. Al de antes, a aquel Alonso de entonces, lo que quería era matarlo.

Hice una lista. Para acabar con el viejo Alonso tenía que:

- vencer mi adicción,
- reconciliarme con mis padres,
- conseguir que mis hijos se sintieran orgullosos de mí,
- y volver a trabajar.

El problema era que ya lo había probado todo a lo largo de veinticinco años. Psicólogos, psiquiatras, médicos, dioses y hasta dejarme llevar. Para sorpresa de nadie, ninguno de esos intentos había funcionado.

Me daba cuenta de que, aunque Angélica me había encauzado y los libros me habían prometido su fiel compañía, **mi vida se asemejaba a una suerte de nudo gordiano y yo no sabía por dónde ni cómo empezar a deshacerlo.**

Empecé a conocer entonces a alguien muy especial. Lo curioso es que ese alguien había estado cerca de mí siempre, aunque nunca le había prestado demasiada atención.

Una mañana salí muy temprano a pasear a los perros. El día solo clareaba, pero me había despertado inquieto y buscaba el bienestar de la soledad, un poco de brisa en el rostro y algo de pertenencia a este mundo. Llegué a mi rincón favorito en el campo, lejos de la carretera, solté a los perros para que camparan a sus anchas y me fumé el primer cigarrillo del día mientras trataba de ahuyentar mis miedos. El día estaba pasando de la claridad al rubor cuando lo vi aparecer desde el final del camino, él se encontró con mi mirada y estuvimos observándonos mientras se acercaba. Al llegar a mi altura se detuvo, adoptó una posición cómoda y se puso a contemplar el paisaje.

—Hacía tiempo que no hablábamos —me dijo sonriendo.

—Es cierto —le contesté tras pensarlo un rato—. Mucho más de lo que parece.

—Pero he estado observándote, llevas demasiado tiempo triste.

Aunque llevábamos tiempo sin hablar, no me sorprendió su respuesta.

Para entonces, mi tristeza saltaba a la vista,
asomaba por todos los resquicios.
Se me notaba al andar, al hablar,
al conducir, al toser e incluso al fingir.

—No puedo negarlo, ¿verdad? —dije sonriendo—. Verás…, ¿cómo te lo digo? La vida me ha dado una nueva oportunidad y no sé cómo aprovecharla.

Se volvió para mirarme y volvió a sonreír. Su sonrisa era franca, amable; su mirada, clara, y transmitía mucha calma. Me sentí contagiado.

—¿Recuerdas aquella casa rural a la que fuiste con Angélica en el Alto Tajo? La que tanto te gustó.

—¿La de Chon?

—Sí… ¿Sabes qué deberías hacer? —Guardó un breve silencio y, antes de que le contestara, añadió—: Vete unos días solo.

—¿Solo? —contesté extrañado—. ¿Y qué hago yo allí solo?

—Hazlo —me dijo mientras se despedía con un amago de saludo militar y una sonrisa aún más amplia; parecía contento de volver a hablar conmigo.

Me quedé allí un rato hasta que volvieron los perros y recorrí el camino de vuelta a casa rumiando lo de irme unos días solo al monte. ¿Qué iba a hacer tanto tiempo sin bares, gimnasios, tiendas y una cobertura decente para internet? Una cosa era estar un rato solo, que me gustaba, y otra muy distinta tirarme cinco días sin más compañía que la mía perdido en las montañas. Me parecía una idea extraña, solo apta para gente peculiar, por no decir rara.

Quise descartarla, apartarla de mi mente como tantas otras cosas, pero no fui capaz, y la idea me iba seduciendo cada vez más a medida que transcurría el día. En el peor de los casos, ¿qué tenía que perder? Además, me pasaba el día esperando. Esperaba a que algún trabajo de los que estaba buscando se concretara, a que Ulrich volviera cuando lo soltaba, a hacer acopio del valor necesario para llamar a mis padres, a volver a estar con mis hijos, a que el diablo me dejara en paz de una vez por todas.

Ya por la tarde empecé a imaginarme allí y no me pareció nada mal. La casa de Chon estaba en un pueblo pequeño entre montañas que casi no tenía habitantes y en el que reinaba el silencio. Las habitaciones eran acogedoras y, por supuesto, tenían chimenea.

Al anochecer, después de cenar, decidí preguntarle a Angélica qué le parecía la idea.

—No lo dudes —contestó sin pensarlo.

Nos miramos durante unos segundos y soltamos una carcajada.

—Joder, no te lo has pensado ni un momento.

—Nos va a venir bien a los dos —me dijo cariñosamente—. Pareces un tigre enjaulado. Vete, descansa y no pienses en nada durante unos días. Por lo menos inténtalo y, si te agobias, te vuelves.

Me di cuenta de que para ella también estaba siendo difícil aquella época. Estábamos empezando una vida juntos, había puesto todas sus ilusiones y su confianza en esa vida, y la incertidumbre que se abría ante nosotros tenía un montón de papeletas para salir premiada. Angélica absorbía, como una esponja, mi tensión, mi mal humor y mi miedo con amor, paciencia y fe, pero también necesitaba descansar. Me levanté de la mesa y la abracé intentando transmitirle mi gratitud, mis disculpas por no reparar en su cansancio y mis ganas de demostrarle que su apuesta merecería la pena.

Ya en la cama y con la decisión tomada, resolví que, ya que lo iba a hacer, lo haría como Dios manda. Si se trataba de estar solo y desconectar, haría todo lo posible para que así fuera. Me propuse no encender la televisión, no llevarme el ordenador, no salir ni siquiera a comprar comida —me la llevaría— y encender el teléfono únicamente para hablar con Angélica tres veces al día. Solo paseos, deporte, lectura y meditación.

Al día siguiente me levanté y preparé mi equipaje de acuerdo con mis planes. Uno o dos pantalones y camisetas, muchas prendas de abrigo para pasear —bufanda, gorrito y guantes incluidos—, un chándal para salir a correr, el libro de *La meditación paso a paso* del dalái lama, alguna novelilla entretenida, una cajita de velas y algo de incienso. Por otro lado, la comida de Ulrich (un saco de pienso), que se venía conmigo, y la mía: espaguetis, atún enlatado, harina de avena, algunos fiambres, una bandeja de filetes de ternera y otra de pollo, leche, huevos, queso, café, azúcar y tabaco, lo justo para autoabastecerme sin que nada me faltara.

En las dos horas que tardé en llegar a mi destino, el tiempo se distribuyó en tres partes. En la primera, aún me sentía demasiado ligado a mi cotidianidad, me costaba avanzar, pensaba que lo mejor sería dar la vuelta; en la segunda, fui despertando a los paisajes que me iban rodeando, cada vez más llenos de bosques, y en la tercera, ya muy lejos del mundanal ruido, **me di cuenta de que la intensidad de los acontecimientos que estaba viviendo última-**

mente no me habían dado tregua y que allí, durante un rato, podría sentirme libre de mí mismo por primera vez en mucho tiempo.

Escogí la misma habitación en la que me había hospedado la vez anterior. Era perfecta para mis propósitos. En una misma planta, de unos veinte metros cuadrados, que daba a un patio común con bancos y mesas de piedra, estaba todo. Una cama de matrimonio, una cocina minúscula, una mesa y un pequeño sofá enfrente de la chimenea; mejor imposible. Me puse manos a la obra.

Antes de nada, busqué un descampado que pudiera controlar y solté a Ulrich, que estaba volviéndose loco por investigar todos esos olores de animales y naturaleza que llevaba rato olfateando. Pero fue un paseo tenso, con Ulrich hay que andarse con cuidado. Puede que lo sueltes y no pase nada, pero como algo del tamaño de un conejo o un gato entre en su radio de visión, ya no hay quien lo pare, y allí había demasiada gallina suelta, no quería empezar mi estancia disculpándome porque hubiera desplumado alguna.

En cuanto regresé a la habitación, coloqué la ropa en el armario, la comida en la estantería, encendí la chimenea y me preparé un café humeante. Me abrigué otra vez y salí a tomármelo al patio con un cojín para que no se me helara el trasero en el banco de piedra. Ya había anochecido, no se escuchaba ni un alma y el cielo nocturno ofrecía un espectáculo sorprendente. Lejos de la contaminación lumínica y sin luna, aparecía repleto de estrellas brillantes, cruzado por una casi espumosa Vía Láctea. Ulrich, después de merodear un rato, se enroscó a mis pies y, por primera vez desde que había llegado, respiré profundamente y me relajé. Adopté la postura adecuada y me puse a meditar intentando concentrarme únicamente en el ensordecedor silencio que me rodeaba.

Me di cuenta de que meditar en la ciudad tiene mucho más mérito que hacerlo perdido en las montañas. Allí abajo hay demasiado ruido, tanto fuera como dentro de nosotros.

Tras unos minutos de quietud, pude por fin asomar un poquito mi nariz a mi interior.

De repente me pareció escuchar unos pasos que se acercaban tras el muro. No me asusté, era un caminar tranquilo, sosegado, de los que dejan tiempo para la contemplación. Al llegar más o menos a mi altura, se detuvieron, hubo una breve pausa y luego se alejaron por el mismo sitio por el que habían venido, con ritmo cadencioso, hasta desaparecer. El mismo ritmo con el que caminaba aquel amigo que me había encontrado por la mañana días atrás y que me aconsejó la soledad.

Al día siguiente me desperté pronto, con ganas de darme una vuelta por los alrededores para relajarme, pero la cosa se torció. Desayuné rápido y metí a Ulrich en el coche para buscar un sitio donde tuviera campo para correr. A pocos kilómetros del pueblo vi una amplia llanura con un rebaño de ovejas paciendo tranquilas y una colina al fondo en la que se adivinaba una construcción en ruinas. Vi un camino que recorría aquel pasto y que luego ascendía hasta perderse rodeando la colina. Imaginé que conducía a su cima y lo tomé, pensando que sería un buen lugar para ver con perspectiva de pájaro el paisaje mientras Ulrich campaba sin causar problemas.

Al llegar descubrí un rectángulo de piedras que habían sido las paredes de un viejo edificio pegado a otra construcción que parecía una entrada o un arco. Me acerqué todo lo que mi vértigo me permitió al borde de la montaña, que por aquel lado se cortaba en un precipicio, busqué donde sentarme, comprobé que no había nada ni nadie cerca y liberé a Ulrich, que no tardó en perderse entre la maleza.

Me senté tranquilamente a disfrutar de aquel maravilloso escenario de cielos abiertos y naturaleza tratando de olvidarme de todo, pero cuando empezaba a encontrar cierta calma, algo llamó mi atención. Abajo, en la llanura, el polvo empezó a levantarse. Me pareció raro, porque no había ni pizca de viento. Al fijarme más, pude comprobar que las ovejas habían empezado a correr en estampida; desde allí arriba se veían decenas de ellas corriendo desordenadamente, pero, eso sí, en una misma dirección. Lo entendí de inmediato y una palabra salió de mi boca mientras me llevaba las manos a la cabeza: *Ulrich*.

No tardé en comprobarlo. Tras la nube de polvo pude observar un punto negro persiguiendo a toda velocidad a los pobres animales. Había encontrado un atajo por detrás de la colina que llevaba directamente al prado donde se encontró, para alborozo suyo, cientos de animales a los que atormentar.

Gritarle era inútil, estaba demasiado lejos, así que me monté en el coche y bajé tan rápido como pude al principio del camino. Al llegar, las ovejas aún corrían a mi alrededor, aunque algo más lentas. Traté de localizar a Ulrich, pero ni rastro, solo vi a un pastor entrado en años, pero robusto, blandiendo un bastón y soltando maldiciones. Me faltó arrodillarme a la hora de disculparme para que no me denunciara y, sobre todo, para que bajara el contundente palo que elevaba cada vez que me recriminaba. Tras un rato así, el hombre fue calmándose al comprobar de un vistazo que aparentemente ninguna de sus ovejas había salido malparada. Por fin aceptó mis disculpas y, medio refunfuñando, me indicó que Ulrich se había vuelto por donde había venido.

Ahora, ya preocupado porque se extraviase al no verme, volví a subir a la cima de la colina. Allí estaba el muy truhan, sentado, esperándome como si nada hubiese pasado. Me dieron ganas de asesinarlo cuando se subió al coche y se tumbó en la parte de atrás con una mirada que parecía decir: «Regáñame lo que quieras, ha merecido la pena». Llegamos a casa, comí y después de una siesta salí a correr. Al volver me encerré a leer y a meditar. Leía rápido, meditaba poco y seguía pensando demasiado. Ya por la noche me senté delante de la chimenea, a la que no paré de alimentar, echándole troncos y más troncos, hasta altas horas de la madrugada.

Al día siguiente conocí a Domingo, el marido de Chon. Me sorprendió husmeando unos trozos de cerámica que había en una de las estanterías del comedor que tenían en el exterior para que pudieran comer familias o grupos. Tras las debidas presentaciones, me contó que los había encontrado en el campo y que creía que eran visigodos. Descubrió mi interés y me dijo que había muchísimos restos por los alrededores.

Domingo resultó ser un tipo de lo más interesante. No es que fuera un hombre de campo, es que él era el mismo campo. Estaba totalmente integrado y orgulloso de aquel lugar, no había cosa que le gustara más, pero además leía y se documentaba sobre los hallazgos arqueológicos que iba descubriendo en aquellas montañas. Como me estaba hablando de esas cosas, le pregunté por las ruinas de la colina. Me contó que era un lugar interesante en el que había un antiguo asentamiento y se ofreció a enseñármelo a la mañana siguiente.

El resto del día repetí mi rutina del día anterior, paseé a Ulrich sin soltarle la correa para evitar persecuciones, hice deporte, comí y, ya por la tarde, me volví a encerrar para seguir con mis lecturas y mis prácticas. La noche la dediqué a echarle más leña al fuego; cuanto más ardiera, mejor, era mi particular manera de apaciguar la incertidumbre.

El tercer día me desperté inquieto, con los miedos avivados, sintiéndome impotente, preguntándome qué demonios hacía allí, qué iba a hacer con mi vida, qué iba a pasar.

No sentía la soledad supuestamente curativa que había ido a buscar, sentía abandono.

Quería volver, pero no sabía muy bien adónde. Sonó el claxon del coche de Domingo; era la señal pactada para que empezase nuestra excursión. Su compañía me vino como agua de mayo para distraerme un rato.

Durante el camino me estuvo contando que venía de entrenar a sus perros, especialmente adiestrados para encontrar trufas, una de sus pasiones. Los criaba desde cachorros para ese fin y estaban en plena temporada. Ya en la cima de la colina, me enseñó las huellas de sus antiguos habitantes: trocitos de cerámica ancestrales; filas de piedras ocultas bajo la yerba que antaño fueron casas; la diferencia entre los cincelados, que indicaba distintas épocas; una mole blanca ajena al paisaje que había sido una cantera de los romanos, y muchas otras cosas que uno no ve si no se las indica alguien dotado de inteligente curiosidad. Aun así, yo seguía muy inquieto, impaciente.

La tarde no mejoró. A pesar de que intenté leer y meditar, me subía por las paredes y aquella noche casi no dormí. Me la pasé como las anteriores, echándole leña al fuego, pero en esta ocasión lloré, rabié y maldecí hasta que concilié el sueño entrada la madrugada. Me desperté agotado con las primeras luces del día, rendido, cansado de mí mismo.

Me abrigué a conciencia —el aire era gélido— y salí a caminar. En cuanto dejé atrás el pueblo y me aseguré de la ausencia de animales domésticos en las cercanías, solté a Ulrich, que salió corriendo con el hocico pegado al suelo en busca de rastros. Anduve y anduve sin prestarle atención ni al tiempo ni a la distancia. Al cabo de un buen rato escuché el rumor de un río al final del camino que transitaba, me fijé en un pequeño sendero que se desviaba a la derecha hacia lo alto de una pequeña montaña y lo tomé sospechando que las vistas merecerían la pena.

No me equivoqué: la visión abarcaba un valle por el que serpenteaba el río, flanqueado por verdosos árboles y abundante vegetación; las montañas del fondo, sin ser demasiado altas, parecían abrazarlo todo, ofreciendo su calor y protección. El aire era límpido, corría algo de brisa y el sol brillaba radiante. La corriente de agua sonaba a arrullo, lo mismo que el canto de los pájaros.

Me dejé caer sobre la yerba mirando al cielo. Ulrich apareció un momento para cerciorarse de que yo seguía por allí, me dio unos lametones cariñosos en la cara y volvió a desparecer, y, de repente, sin esperarlo, noté como todo lo que me atenazaba se diluía ante aquella armonía, dejando solo espacio para el instante presente.

Volví a escuchar unos pasos tranquilos que se acercaban. Llegaron hasta mí y alguien se tumbó a mi lado.

—Gracias por escucharme al fin —me dijo sin que sonara a reproche.

—¿Dónde has estado tanto tiempo? —contesté.

—Siempre he estado contigo… —respondió con infinita calma, comprensión y ternura—. Hablándote, consolándote, cuidándote, dándote esperanzas, dándote fuerzas.

No ha habido un solo día de tu vida en el que hayas estado solo. Lo que pasa es que no me escuchabas.

Mi silencio le daba la razón.

—¿Y ahora, qué?

—Ahora solo tienes que empezar a conocerme.

Y allí me quedé, hablando por primera vez en mucho tiempo conmigo mismo.

En efecto, nunca había estado solo, y todo lo que me había sucedido desde que había llegado adquirió sentido. Me llevé mi angustia a las montañas, pero la fueron diluyendo la meditación; el sonido del silencio; el cielo estrellado; el pastor blandiendo su bastón; el fuego intenso de mis hogueras; las conversaciones con Domingo; el rumor lejano de nuestros antepasados, que también recorrieron aquellos caminos con sus alegrías y sus desdichas a cuestas; el discurrir del río, y mi fiel compañero Ulrich, que en todos y cada uno de mis momentos, buenos o malos, permaneció a mi vera.

Al volver hacia mi habitación caminé lento, rozando con mis dedos la hierba alta, contagiándome del sentimiento de libertad que emanaba de Ulrich al correr sin ataduras, respirando el aire puro, congratulándome de haber llegado hasta allí. Y ya en casa por fin medité sin prisa, leí con deleite y la hoguera que encendí me acunó hasta dormirme con su suave crepitar.

Acababa de descubrir, con cuarenta y tres años, que no había vuelto a tratar conmigo mismo desde que era un niño.

No sé bien a partir de qué momento el ensordecedor ruido de lo absurdo acalla nuestra voz interior. **Todos tenemos un maestro interior, una voz que sabe exactamente qué es lo mejor y lo peor para nosotros, que nos habla, pero a la que no escuchamos, y, aun así, siempre está ahí, susurrándonos, caminando a nuestro lado.**

Esa voz y esos pasos somos nosotros mismos despejados de anhelos vanos y de emociones perversas, recordándonos que el milagro lo tenemos ante nuestros ojos: el milagro de nuestra mera existencia.

Cubiertas las necesidades de la alimentación y el abrigo, el ser humano no necesita mucho más, solo cultivar su compasión y sus conocimientos para cumplir su fin, el de consolarse y ayudarse los unos a los otros ante nuestro incierto destino. Y para eso, además de bondad, se necesita la alegría a la que nos incita nuestra voz interior. La alegría, la gratitud y el asombro de estar aquí y ahora.

4

Pueblos, fantasmas y polacos

Dedicación y cabezonería

Me gustó volver a tratar conmigo mismo después de tanto tiempo, y además lo necesitaba, pero no resultaba tan fácil debido a la falta de costumbre y a que los seres humanos somos imprevisibles. En mi vida, la gran mayoría de las veces tuve la verdad o lo que más me convenía ante mis ojos, y sin embargo, tendí a elegir otras alternativas más arriesgadas. Si me preguntaseis por la razón de esa tendencia, no sabría por dónde empezar. Puede que fuera por esa misma curiosidad que mató al gato, porque el diablo tienta sin descanso, porque, como decía James Bond, «en el riesgo está el placer», o porque sencillamente somos estúpidos.

Parece ser que hay algo en nosotros que nos empuja a ignorar lo que sabemos que nos perjudica mientras lo podamos evitar.

Hay ejemplos por todas partes: el cambio climático, el armamento nuclear, el tabaco, el alcohol, el azúcar, los excesos de velocidad y un largo etcétera. Eso, en general, porque si nos fijamos en los casos particulares, ya te vuelves tarumba. Quien quiera comprobarlo solo tiene que recurrir a los *reels* de Instagram, donde encontrará sobradas pruebas de las muchas veces que ponemos en peligro nuestra integridad sin que haga falta. Es sorprendente la cantidad de cosas que nos da por hacer para llamar la atención, conseguir un subidón de adrenalina u olvidarnos de la que nos está cayendo. Son vídeos hipnóticos, hay algunos que veo una y otra vez tratando de comprender qué ha podido llevar a determinados sujetos a tan bizarras experiencias.

Gente que se cuelga de los rascacielos con una sola mano, que se pasea en bici por los bordes de estos, que se arroja al agua desde un risco para hacerse una foto, que se lanza al vacío con un traje especial, parecido al de Batman, pero con colorines, para enhebrar montañas a más de doscientos kilómetros por hora.

Ayer mismo estuve viendo una competición entre dos individuos cuyo objetivo era dejarse inconscientes a base de darse bofetones por turnos con la mano abierta; además, te ponen la repetición en cámara lenta para que veas bien cómo se deforman las caras y salen despedidos los protectores bucales rodeados de babas, flipante. Se podría argumentar que son cuatro chalados y que no representan a la mayoría, pero cuando uno ve la cantidad de *likes* y seguidores que acumulan tales sujetos, el argumento flaquea, y si se bucea un poco más, se descubre, por poner un ejemplo, que cada vez hay más casos de médulas hechas cisco por accidentes en bicicleta.

En muchos casos, lo único que le queda a nuestra voz interior por decirnos es: «¿Lo ves? Mira que te lo dije», pero suele ser demasiado tarde, es decir, la oímos cuando ya resbalamos y vemos lo dura que va a ser la caída, cuando no hemos calculado bien la grieta por la que pretendíamos escapar de las consecuencias o cuando los bofetones que da la vida acaban con nuestras esperanzas. De manera que, por muy difícil que sea recuperar la conversación con nuestra voz interior, es importante restaurar esa sana costumbre e intentar hacerle caso cuantas más veces mejor.

A tal fin, con la venia de Angélica, por supuesto, me dediqué durante meses a hospedarme de casa rural en casa rural. **Fueron meses porque el proceso es lento, hacen falta tiempo y paciencia. No tanto para conocerse a uno mismo —en el fondo sabemos quiénes somos— como para adquirir las herramientas, la disciplina y la constancia necesarias para no olvidarlo.**

El olvido es lo que más practica el ser humano.

Es de las primeras cosas de las que me di cuenta en cuanto me puse a reconquistar mi parte espiritual. **Todos vislumbramos en uno u otro momento en qué consiste la verdadera felicidad, todos nos hemos sorprendido a nosotros mismos alguna vez en armonía con el mundo, como si durante un instante comprendiéramos y aceptáramos el misterio que nos rodea, como si nos hubiésemos reconciliado con Dios.** Pero dura eso, un instante, y luego lo relegamos al olvido.

El reto de mantener ese estado es arduo, requiere dedicación y tenacidad. Personas como Gandhi o Nelson Mandela, ejemplos de buena gente que se preocupaban y sufrían por los demás, persistieron toda su vida, y eso que tuvieron sobrados motivos para abandonar; a uno le dieron más palos que a una estera y casi se muere de hambre para hacerse oír, y el otro solo vio un metro cuadrado de mundo a través de la ventana de su celda durante veintisiete años de su vida. Nada de eso los arredró y se convirtieron en lo que se convirtieron.

Por supuesto, no hace falta llegar a esos extremos, no todos tenemos su madera, pero su vida demuestra que, a pesar de la dificultad de la búsqueda espiritual, merece la pena perseverar.

El zorro

Como decía, estuve en muchas casas rurales, en las que aprendí cosas nuevas y recordé otras que había olvidado.

Una de ellas fue caminar. Las primeras veces que salía a pasear en mis retiros lo hacía sujeto al tiempo, como todas las cosas que hacemos. Pero según pasaban los días y a medida que me iba aclimatando a no hacer caso ni a mis preocupaciones ni a mis ocupaciones cotidianas, mi manera de hacerlo cambió.

Cuando tomé conciencia de que nadie ni nada me esperaba, empecé a salir de otra manera: literalmente, a perderme sin rumbo.

Lo hacía de buena mañana y lo único que llevaba conmigo era un bocadillo, una botella de agua, tabaco y, por supuesto, la compañía de Ulrich. Empecé a cogerle gusto a acudir, saliéndome de los caminos y yendo campo a través, a la llamada de determinados escenarios, como una pequeña cueva, una cima, un claro en mitad de un frondoso bosque o algún almendro en flor. Iba descubriendo como cada cosa, por pequeña y simple que pareciera, guarda un secreto, una enseñanza o una promesa.

Uno de esos días vi un zorro a lo lejos. En cuanto lo detecté me quedé inmóvil, petrificado, rezando para que no se percatara de mi presencia. No hacía nada en especial, andaba tranquilamente y a solas, levantando de vez en cuando el hocico por si hubiera algo cerca que llevarse a la boca o alguna amenaza. Sin duda yo lo era, porque de repente fijó su mirada en mi dirección y, aunque seguí sin moverme y estaba a mucha distancia, se escabulló al cabo de unos segundos.

Volví a acordarme de él algunos años después. Había ido con Angélica al pueblo de uno de sus cuñados para pasar el fin de semana. Nada más llegar, nos contaron que la comidilla de aquellos días era que una zorra andaba merodeando por los alrededores del pueblo. Estábamos en familia pasando la tarde y en un momento dado me acerqué a la casa donde nos hospedábamos Angélica y yo, a unos cuantos kilómetros de allí, para dar de comer y pasear a los perros que habíamos llevado con nosotros. Pero cuando quise volver no pude porque nevaba mucho y la carretera se había puesto peligrosa. Decidí quedarme y volver a la mañana siguiente.

El nuevo día que amaneció lo dejaba a uno sin palabras. El cielo estaba despejado y todo el paisaje cubierto por un espeso manto blanco. Saqué a los perros en cuanto me levanté y salí temprano, no tanto por llegar, sino para disfrutar del espectáculo. La carretera estaba vacía y las quitanieves ya habían hecho su trabajo. Iba conduciendo muy despacio, con las ventanas abiertas, mirando de un lado a otro, disfrutando, deseando no llegar nunca y, de repente, ya en las afueras del pueblo, vi a la zorra. No me lo podía creer, era demasiada casualidad, ni en el mejor de mis sueños hubiera pensado que me iba a topar con ella, pero allí estaba.

Era un animal precioso, con un pelaje rojizo y abundante y una cola tupida casi más grande que su cuerpo. Detuve el coche, sin brusquedad, a su altura y me quedé observándola. No pareció asustarse cuando me vio, y lo que hizo a continuación logró que me emocionara y me sintiera afortunado. **Lenta, muy lentamente, fue tumbándose hasta quedar a ras de suelo, con la cabeza apoyada en las patas delanteras sin dejar de mirarme**

fijamente, y allí nos quedamos los dos a solas, observándonos. No fue mucho tiempo, enseguida se levantó y siguió su camino elegantemente y sin prisa, pero teniendo en cuenta lo escurridizos que son estos animales, me pareció una eternidad.

Me gustó mucho ver a aquellos animales salvajes tan solitarios y hermosos en plena libertad. Pero lo que más me sorprendió de esos encuentros fue la sensación de alegría y tranquilidad que me invadió después. Fueron momentos únicos en los que todo parecía estar en su sitio. **Cuando contemplo a los hombres aquí o allá, en el campo, en el mar o en la ciudad, la gran mayoría de las veces tengo la sensación de que hay algo que no encaja,** como si, aun estando hechos de lo mismo que todo, de polvo de estrellas, parezcamos ajenos a la naturaleza que nos alumbró.

Donde sea que vayamos devastamos, esquilmamos, extinguimos, agotamos incluso lo que más necesitamos para sobrevivir. Todo lo que nos rodea quiere vivir, y nosotros, sin embargo, llevamos a las espaldas nuestro propio crepúsculo. Al ver a aquel zorro y a aquella zorra, me di cuenta del contraste entre unos y otros, nosotros tan perdidos y ellos tan en armonía y tan de acuerdo con el mundo a pesar de su dureza.

Lo que queda de la naturaleza y el pasado

Pero no todas las experiencias que viví en mis retiros me aportaron paz y sosiego. Ni siquiera apartado del mundo resulta fácil ponerse a salvo de uno mismo, y también protagonicé algún que otro momento de esos en los que mi sensatez brilló por su ausencia.

Una vez encontré un lugar muy bonito y majestuoso en uno de mis paseos: una laguna a los pies de una montaña escarpada. Observé la ladera que daba al agua y me pareció en parte asequible. Era una pendiente de grava que iba estrechándose hasta acabar en un muro de piedra solo apto ya para profesionales de la escalada. Me pareció un buen sitio para apoyar la espalda y meditar, así que me puse pies a la obra.

El entusiasmo y el pundonor con los que acometí la subida me cegaron ante la claridad con la que el mismo terreno me iba indicando que la cosa se podía complicar. En la base, las piedras estaban asentadas; sin embargo, a medida que ascendía, había menos acumulación y se deslizaban con más facilidad bajo el peso de mis pisadas. Pero estaba lanzado y, además, como iba cara a la montaña prácticamente gateando, no me daba cuenta de la altura que estaba alcanzando; ni siquiera cuando resbalé metros hacia abajo fui consciente de dónde me estaba metiendo. Quería llegar a toda costa hasta donde me había propuesto.

Cuando estaba a unos setenta metros, se me ocurrió darme la vuelta y casi me da un desmayo. No exagero, tengo un vértigo espantoso, de esos que paralizan, y aunque, en el peor de los casos, un descuido solo me hubiese costado llegar rodando y magullado hasta abajo, mi sensación era de caída al vacío.

Me senté e intenté serenarme respirando profundamente y fijándome en el paisaje. Lo cierto es que era impresionante: la montaña, los bosques circundantes y el cielo azul se reflejaban en el espejo liso del agua multiplicando por dos la belleza del lugar, pero en aquel momento aun el mismísimo paraíso me habría pasado inadvertido. Estaba tan petrificado que, aunque hubiera caído un misil en el lago, evaporizándolo ante mis ojos, no me habría inmutado.

No me atrevía a moverme. Probablemente me habría quedado allí hasta que me encontraran momificado de no ser porque sucedió algo que aumentó hasta tal punto mi temor que pasé de la paralización a la huida despavorida. Observé con terror que la montaña estaba viva y que el origen de la rampa de grava se debía a la caída continua de piedras desde su cumbre. Mi estado de crispación no me permitió evaluar objetivamente los riesgos y, sin pensarlo, me lancé a una bajada ciega y sin control. No tardé en resbalar, activando un pequeño deslizamiento de piedras que me arrastró, presa del pánico, unos cincuenta metros, hasta que se detuvo. Acabé tumbado mirando hacia el cielo, pensativo y evaluando lo que había sucedido.

No había estado en peligro en ningún momento, pero, lo que hace el miedo, estuve convencido de que la montaña me sepultaría bajo toneladas de piedra.

Hubo más veces en las que el miedo se convirtió en mi peor enemigo. En otra ocasión —unas cuantas casas rurales después—, en la que andaba por los montes de Huesca, llegué a un pueblo fortificado del siglo XI deshabitado desde hacía muchos años. En realidad, el sitio es bastante visitado, está dentro de una ruta de senderismo, pero siempre iba a mis retiros entre semana y, además, esa vez estábamos en pleno invierno, con lo cual no había nadie en kilómetros a la redonda.

La imponente torre del campanario de la iglesia que albergaba el pueblo apareció ante mí tras un repecho del camino. Me sentí impresionado ante su visión. Se me antojó como un gigante nostálgico al que han dejado solo. El pueblo, rodeado por una sólida muralla fortificada que le otorgaba personalidad al conjunto, no era más grande que un campo de fútbol. Tras echar un vistazo por el exterior, me acerqué a la puerta de fortificación que daba acceso al interior.

Para mi sorpresa, me la encontré entreabierta, como si me invitaran a entrar. Atravesarla fue como viajar al pasado. Aunque todo estaba derruido, abandonado y con la vegetación en plena reconquista, era fácil imaginar el pueblo con habitantes de todos los tiempos yendo de aquí para allá. **Un pequeño mundo, como otros tantos, en el que cientos de generaciones vivieron y murieron, como atestiguaba un pequeño recinto donde se adivinaban tumbas.** Recorrí aquel pueblo fantasma dejando lo que más me atraía para el final: la iglesia.

Mi aparición repentina asustó a unas palomas que rompieron el silencio con el batir de sus alas. Desde el marco de la puerta contemplé anonadado aquel templo vetusto y abandonado que, aun muriendo, tenía más vida que cualquier pasado restaurado. Paseé lentamente, recreándome con los detalles de aquel lugar. Delante del altar, unas losas con inscripciones, cruces y espadas grabadas cubrían varias sepulturas de quienes debieron de ser altas personalidades. A esas alturas de la exploración en aquel paraje tan remoto y abandonado, me vine arriba y empecé a creerme Indiana Jones.

Seguí investigando y encontré unas estrechas escaleras que llevaban hacia abajo. Imaginé sótanos, criptas, pasadizos secretos, y quise curiosear, pero el fondo oscuro en el que se perdían los peldaños empezó a meterme el miedo en el cuerpo. La atmósfera iba resultándome cada vez más tenebrosa. Hice acopio de algo de valor —era demasiado pronto para rendirse— y bajé unos cuantos escalones. Me detuve hacia la mitad, en la penumbra que precedía a la oscuridad, y encendí mi mechero para que me alumbrara el camino. Pero, justo en ese momento, un murciélago salió de las entrañas de aquella negrura, pasó por encima de mi cabeza y, unos instantes después, aún sin haberme repuesto del susto, la llama del mechero se apagó.

Fue mi punto de no retorno. Mi mente no vio al murciélago como un indefenso animal huyendo asustado ni culpó a la corriente de aire de apagar la llama. En uno vio una advertencia de lo que me esperaba allí abajo, y en la otra, el soplo del espíritu que estaba a punto de poseerme. Se manifestaron de inmediato todos los síntomas del pavor en mi cuerpo: pelos erizados como escarpias, escalofríos en la espalda, aumento de la capacidad auditiva, imaginación desbordada y una imperiosa necesidad de esprintar. Los crujidos de la madera me sonaban a pisadas y el viento que se colaba por las aberturas del edificio, a susurros. Contuve solo lo de salir disparado, pero únicamente porque estaba medio paralizado de miedo. Atravesé las naves de la iglesia, sus tumbas, las casas del pueblo —ahora fantasmagóricas—, su cementerio y, por fin, la puerta fortificada, más pálido que un noruego y dejando el misterio de la cripta sin resolver.

Un polaco en el bosque

Tampoco fue todo meditar, caminar en solitario durante horas, leer o congeniar con la fauna. Hubo gente que por una u otra razón dejó impresa una huella en mí y que me ayudó en mi nuevo camino. Que me demostró con su ejemplo que **los demás pueden servirnos de ayuda y de inspiración por muy grandes o pequeños que sean los detalles.**

Esben, por ejemplo, fue un polaco que conocí en una de mis estancias en la casa de Quino, en Huesca. Durante siete meses al año vivía como un nómada. No le preocupaba en absoluto el dinero, ahorraba lo que podía en los meses de invierno y viajaba de un sitio a otro del mundo gracias a una de esas plataformas de internet que te permiten intercambiar trabajo por alojamiento.

Cada año pasaba unos días con Quino ayudándole en las tareas de la granja a cambio de una habitación y comida.

Pero tampoco sé si le hacía falta, y eso es lo que me maravillaba de él. Cuando coincidí con él, rechazó la habitación que tenía preparada y prefirió dormir en una dependencia de la torre de la casa aún por restaurar. Era solo suelo y piedras y, por si fuera poco, le faltaba un trozo de pared. Despejó de cascotes y barrió la parte más cercana a la abertura en el muro para tener buenas vistas desde su saco de dormir y apañó una mesita de noche con unos troncos y unas maderas.

Cuando volvía de pasear a Ulrich por la noche, veía la silueta de Esben recortada contra la luz tenue de la habitación, sentado en el agujero de la pared con los pies colgando, mirando tranquilamente el valle iluminado por la luna.

Algunas noches cogía su mochila
y una hamaca de cuerda y se adentraba,
para pasar la noche, en el bosque
profundo y oscuro.

Una de esas mañanas, mientras compartíamos un café y un cigarrillo, le pregunté si no tenía miedo de dormir solo en el bosque colgado de una hamaca.

—¿Miedo de qué? —me contestó sonriendo amablemente.

—De los insectos, las alimañas, de que alguien te ataque —dije primero y, porque necesitaba que me lo explicara del todo, completé—: De las pesadillas, del pasado, del futuro, de la soledad, de la oscuridad y de ti mismo…

Dio un sorbo de su taza tranquilamente; parecía repasar mentalmente mi lista para asegurarse. Luego me miró con calmada convicción antes de contestarme.

—No —dijo, y siguió tomándose su café.

Solo añadió una cosa más, **me dijo que en realidad solo teníamos un miedo que se disfrazaba de muchos para despistar.** Pero aquel día me guardaba aún otra enseñanza, otro ejemplo de valor y, sobre todo, de amor incondicional. Quino me invitó a que comiera con él, con Esben y con toda su familia.

Quino nos recibió en la puerta y nos acompañó a la cocina, donde había una enorme mesa de madera. Esben ya era asiduo y me fue presentando uno a uno a los miembros de la familia, que ultimaban los preparativos mientras Quino desaparecía en una habitación. Cada familiar ocupaba una posición distinta. A su mujer la conocí en los fogones; a su hermana, cortando el pan, y así sucesivamente hasta que terminamos las presentaciones y fuimos sentándonos a la mesa.

Cuando ya estábamos sentados, apareció Quino con otro miembro de la familia, un hijo con una discapacidad cerebral grave. Me lo presentó, lo sentó a su lado en una silla especial para que no se cayera y empezamos a comer. Fue una comida maravillosa, llena de amabilidad, historias, sonrisas, cercanía y buena comida. Pero había algo más: el hijo de Quino reaccionaba en determinados momentos con violencia, tiraba con fuerza de su pelo y le daba golpes en la cabeza a su padre. Este, sin el menor rastro de enfado, impaciencia o infelicidad, se limitaba a intentar apaciguarlo una y otra vez, con mucho cariño, para poder seguir dándole de comer, consiguiendo que nada alterara la armonía reinante.

Estas experiencias que os he contado, por ridículas o infantiles que puedan parecer, **me sirvieron como prueba del efecto que sobre nosotros tiene el miedo y de cómo bajo su influencia las decisiones que tomamos pueden empeorar las cosas, en vez de mejorarlas,** o malograr nuestras experiencias. Hubiese podido meditar en aquella montaña con vistas al lago, seguir siendo Indiana Jones en el sótano de aquel templo abandonado, dormir solo en el bosque como Esben y reunirme otra vez con toda mi familia, si no me lo hubiesen impedido uno u otro miedo. Y Quino, además, me hizo pensar en lo que debía de suponer sobreponerse al miedo, la incertidumbre y la tristeza de tener un hijo con una enfermedad incurable.

Estamos dispuestos a todo
solo a cambio de que merezca la pena.

Viendo la paciencia, la entrega, el sacrificio, la sonrisa y el amor que mostraba Quino cuidando de su hijo, pensé por primera vez en serio en los cambios que podrían causar en nuestro interior el ejercicio de la compasión y cuidar de alguien que no sea uno mismo. De lo contrario, es decir, de los efectos que provoca en nuestra alma mirarse el ombligo en exceso, ya tenía sobradas noticias; lo había hecho toda mi vida y no había obtenido otra cosa más que desesperación y soledad.

Aprendí aquellos días algunas cosas sobre el miedo, entre ellas su capacidad para permanecer inadvertido en los corazones. Descubrí que llevaba mucho tiempo conviviendo con él, prácticamente toda la vida, y que muchas de las cosas que me habían sucedido guardaban relación con mis temores.

Repasé, apuntándolos en una libreta, los distintos miedos que me habían atenazado a lo largo de mi vida: miedo a mi padre, al conde Drácula, a las peleas, a no ser el mejor en algo, a tener éxito y a perderlo, a la muerte, y seguí apuntando y apuntando hasta que descubrí, con horror y tristeza, que también fueron muchas las veces que había tenido miedo incluso de vivir.

A partir de entonces, le tengo declarada la guerra y, aunque promete ser larga —es un enemigo concienzudo—, no me importa. Toda victoria, por muy pequeña que sea, sirve para afrontar la gran batalla final que tarde o temprano todos tendremos que librar y en solitario, la de la muerte, y tengo la sensación, por lo que voy viendo y que más adelante os contaré, de que cuanto más haya merecido la pena nuestra vida, más posibilidades tendremos de vencer.

5

Supernova

Ir descubriéndome no fue precisamente un camino de rosas, lo reconozco, lo que no significa que no fueran apareciendo trozos de cielo azul prometiéndome días más soleados, lo cual me llenaba el ánimo.

En cuanto me puse delante del espejo, con la firme determinación de no apartar la mirada ni engañarme respecto a lo que pudiera ver, me di cuenta de que después de la tempestad no viene necesariamente la calma, pueden perfectamente arreciar otros temporales. También de que hay cosas que nos pasan porque nos las buscamos y otras que no dependen de nosotros. Embates de la vida, unas veces afortunados y otras crueles, caprichosos y sin solución y ante los cuales solo caben dos opciones: encomendarse a santa Bárbara o tener preparada la mente y el corazón para intentar reaccionar ante ellos de la manera más sosegada posible. Por primera vez opté por la segunda.

Justo después de salir de mi estupefacción al comprobar la distancia que existía entre quien yo creía ser y quien veía reflejado en ese espejo, tuve que ponerme a lidiar con tres tormentas que, al igual que en la película de George Clooney, eran perfectas.

Primera tempestad: la tormenta del pasado

El efecto Angélica, la meditación y los retiros estaban dando sus frutos. Cada vez veía con más claridad y tenía la sensación de que por fin me detenía, que dejaba de correr creyendo que perseguía algo cuando en realidad huía. Ir más lento me permitió echar un vistazo alrededor de mi vida. Empezar a tomar conciencia de hasta dónde habían llegado las cosas fue el sólido peldaño en el que se apuntaló mi salvación, pero llevó lo suyo, no fue sencillo convertir mi pasado en presente para enmendarlo.

Al principio me sentí como quien sale de un refugio después del paso de un tornado y solo puede contemplar impotente la devastación que se extiende ante sus ojos. Observar mi pasado me producía escozor, me parecía un gigante indestructible al que era inútil enfrentarse. Mis recuerdos estaban plagados de malas decisiones, dolor y culpa, y reclamaban el sentido que no les había dado, sin el cual no merecían la pena haber sido vividos. Mi pasado se convirtió entonces en la primera tormenta que tuve que superar.

Seguí meditando sobre él con ahínco y, en un momento dado, me di cuenta de que le estaba otorgando un poder que en realidad no tenía: el poder de la inmutabilidad. Pensar que no podía cambiar su signo me dejaba indefenso ante lo que me había sucedido y ante lo que había hecho. No me dejaba revisar lo que hice equivocadamente y me impedía enmendarme, me anclaba en mis emociones más peligrosas y estrechaba mi horizonte. Pero lo cierto es que, fuera lo que fuera mi pasado, ya solo estaba en un lugar: en mi mente. Y a medida que conseguía sosegarla con la ayuda de la meditación, pude ir amasando mis recuerdos y entenderlos.

Me vino genial esa perspectiva, porque, al hacer el inventario de las cosas para reciclar, fueron apareciendo algunas con las que no contaba. Espinitas que se me habían ido quedando clavadas en el corazón y que resultaron tener, a pesar de su aparente menudencia, mucha más importancia de lo que sospechaba, como, por ejemplo, la deuda que tenía pendiente con mi perra Medianoche.

Medianoche

Medianoche tenía el pelo negro, excepto una isla de color blanco con forma de corazón en el pecho que fue agrandándose con el paso del tiempo. Fue mi fiel compañera durante catorce años, cinco de ellos, los peores de mi vida.

Cuando mi hija vino a vivir conmigo inesperadamente, me encontré en una situación muy complicada. Mi vida estaba patas arriba, tenía que poner cierto orden con rapidez y mantener las apariencias delante de ella. Mi vida cambió de un día para otro y Medianoche, acostumbrada a la libertad y a estar conmigo siempre, empezó a pasar muchas horas a solas en el pequeño piso en el que vivíamos. Una noche llegué a casa después de un día difícil y había esparcido la bolsa de la basura por el suelo de la cocina. Mi frustración y mis nervios vieron una válvula de escape. Enrollé un periódico y me encerré en la cocina con ella, la agarré por el collar y le pegué, cosa que no había hecho nunca. No sirvió de nada, al día siguiente lo volvió a hacer, y al otro, y al otro, y así durante cinco días durante los cuales yo seguía castigándola. Ninguna de aquellas veces me demostró rencor, todo lo contrario; cuando la liberaba, se acercaba a mí como cada noche y se tumbaba a mi lado buscando calor y caricias.

El quinto día hizo lo mismo y, como cada uno de esos cinco días, me dirigí a la cocina y cerré la puerta tras de mí. Pero esta vez Medianoche no se quedó quieta esperando a que la agarrara. Se coló desesperadamente por la puerta del mueble del fregadero, que estaba entreabierta, hasta quedarse encogida en un rincón entre botes de detergente. Cuando se vio sin salida, empezó a llorar débilmente y me miró con los ojos llenos de miedo y de súplica. Entonces, de repente, mi mundo se detuvo y me quedé paralizado allí de pie, mirándola. Fue una de esas veces en las que nuestra conciencia, durante un breve y lúcido instante, percibe y entiende todo lo que en el fondo esperamos de nosotros mismos: serenidad, calma, amor y comprensión. Me invadió la pena y la vergüenza, saqué a Medianoche con palabras tranquilizadoras de aquel rincón, la abracé en mi regazo y lloré desconsoladamente mientras le repetía sin cesar que me perdonara.

Nunca más volví a ponerle la mano encima y parecía que aquel recuerdo se había desvanecido de mi memoria y de mi corazón. Pero años más tarde la acariciaba otra vez repitiéndole, también sin cesar, que la quería y le daba las gracias por todo: por haber jugado con mis hijos cuando yo no podía, por tumbarse conmigo en mis amaneceres llenos de arrepentimiento y desesperación, por haber lamido mis heridas y por la alegría con la que me recibió todos los días de los años que estuvimos juntos. Pero cuando la inyección del veterinario hizo su efecto y la sentí morir entre mis brazos, el recuerdo de aquellas veces que fui injusto con ella se convirtió en un dolor agudo en mi corazón.

Los recuerdos son lo menos efímero que poseemos, y el de Medianoche asustada sigue aún hoy poniéndome triste. Tardé en conseguirlo, pero ahora, en vez de ahogarme en ellos, al revivirlos los utilizo para tener presente todo lo que no quiero ser, todo lo que no quiero repetir y todo aquello de lo que me quiero liberar.

Segunda tempestad: la tormenta de los perdones

Creí entonces que la tormenta de mi pasado amainaba y que llegaba la tan ansiada calma, pero nada más lejos de la realidad. Solo fue uno de esos huecos que se abren entre nubarrones, dejando que se cuele algún que otro rayo de sol, pero que no tardan en cerrarse.

El primer vistazo a mi pasado había servido para hacer un balance general de daños, descartar lo absolutamente inservible, evaluar las posibilidades y calentar músculo para la siguiente fase. Lo que sucedió fue que, al despejar el terreno, empezaron a aparecer, vagando entre aquel desastre, las personas con las que tenía asuntos del alma que resolver. Por allí estaban mis padres, mis hermanos, mis hijos, algunos amigos y todos mis enemigos. Me sobrevino entonces la segunda tormenta, la tormenta de los perdones. Porque de eso se trataba, de perdonar y, sobre todo, de que lo perdonaran a uno. El siguiente tema de conversación conmigo mismo versó entonces sobre cómo reconciliarse con los demás.

No parecía difícil, bastaba con ponerse delante de la persona a la que le hubiera hecho daño u ofendido y verbalizarlo, pero la verdad es que me costó llevar a cabo un acto tan aparentemente sencillo. Claro que no era lo mismo pedir perdón por haber pisado a alguien en el metro que por las heridas que había dejado en los corazones de quienes más quería. Requería, en primer lugar, repasar el origen de la disputa; luego, la disputa en sí, lo que no resultaba nada grato; a continuación, tomar conciencia de la propia responsabilidad, que también resultó complicadillo; después, prepararse —este punto era muy importante— para que el otro no te perdonara, y, por fin, dar el paso y pedir perdón ya cara a cara. Me hubiese gustado saltarme todos esos pasos, pero era la única manera de que mis disculpas sonaran sinceras y de corazón.

No todas las veces lo resolví de una sentada, sobre todo con mis padres. Cuando los vínculos llevan largo tiempo rotos, hace falta invertir tiempo, paciencia y mucho cariño para restaurarlos. La espera hasta sentirnos liberados del dolor, la culpa y el arrepentimiento fue larga. Tuvimos que pensar, quizá demasiado, sobre lo pasado, lo dicho y la culpa.

Un día aprendí, no sé si demasiado tarde, algo muy importante con mi madre. Había pasado algo de tiempo después del tremendo enfrentamiento televisivo que tuvimos en el que nos dijimos de todo menos guapos. Ya habíamos hablado y nos habíamos pedido perdón, pero cada vez que estaba con ella me daba la sensación de que le quedaba algo que decir. Una tarde fui a verla y nos sentamos a solas en la cocina. Charlábamos sobre asuntos triviales hasta que, aprovechando un silencio que se hizo, se acercó su taza de té con delicadeza al pecho, como si lo que sostuviera fuera su propio corazón, y respiró profundamente.

—Hijo, nos hemos dicho muchas cosas…, nos hemos hecho daño, hemos sufrido muchísimo. Ahora por fin parece que todo está en su sitio, pero… ¿ha merecido la pena todo ese sufrimiento? —Acabó la frase con la barbilla temblorosa y los ojos empapados en lágrimas.

Mi egoísmo dio un último coletazo antes de morir y durante un instante me pregunté quién habría sufrido más. No es fácil contestar a la pregunta de quién sufre más al sentirse traicionado por el otro, un hijo o una madre. Pero entonces, al verla allí sentada, rendida, entendí que no solo no tenía sentido pretender equiparar sufrimientos, sino que además había verdades que no tenían la más mínima importancia. Por lo visto, también era posible sobrevalorar la verdad, error que yo cometí junto con el de infravalorar el tiempo. Había creído, como con tantas otras cosas que perseguimos, que sacar a la luz la verdad de todo lo que nos había sucedido me proporcionaría seguridad y cobijo, y también que el tiempo era generoso. Ninguna de las dos cosas resultó ser cierta. La única verdad es que los dos vivimos demasiado tiempo con el corazón roto. En aquel preciso instante pude por fin ver otra vez a mi madre como antes de que el mundo nos confundiera, pero había envejecido y, tuviera quien tuviera razón, no estuvimos juntos para aliviar la tristeza de nuestras vidas.

¿Mereció la pena todo lo que pasamos? No lo sé, no sabría deciros, espero que sí. Sí sé que, desde entonces, aunque no siempre lo consiga, intento vivir mereciendo ser perdonado e intentando perdonar, y pierdo menos tiempo que entregándole la llave de mi libertad a la indiferencia, la mentira o la verdad. Perseguir la indiferencia o la mentira perpetúa el dolor y perseguir según qué verdades, sobre todo aquellas que aun poseyéndolas no cambian los hechos, puede ser osado. A veces me parece que pretendemos reducir el inmenso misterio de todo nuestro universo, incluida esa cosa tan rara llamada *amor,* a una máxima, una idea o una ecuación.

Tercera tempestad: la tormenta del abandono

Durante unos cuantos meses me ocupé de ponerme en paz con todos los heridos y ofendidos que había ido dejando en mi camino. Poco a poco, el viejo Alonso iba muriendo, como yo pretendía, pero morir nunca es agradable. Físicamente se pasa fatal y mentalmente descubrimos un desorden que ya no tenemos tiempo de organizar. La vida trata, sin demasiado éxito, de avisarnos continuamente. Cada ciclo que se cierra en ella es una muestra de lo efímero de la existencia. Cuando uno es algo, niño, joven, adulto o estrella de *rock,* no quiere dejar de serlo e, inconsciente o conscientemente, cuando ocurre, duele. Tanto que muchas veces nos negamos a nosotros mismos que ha sucedido, y así hay hombres que se comportan como niños y ancianos que siguen llevando pantalones de cuero.

En sus últimos días, el viejo Alonso aún no creía que hubiese otra vida, y las dudas sobre si había aprovechado la suya le angustiaban el corazón. De acuerdo, estaba en paz con todos, me habían perdonado, ya no era una cuestión que resolver con los demás, pero si en ese momento una maceta caída del cielo hubiese acabado con mi existencia, mi epitafio bien podría haber sido algo así como: «A buenas horas, mangas verdes», o algo más consolador, como: «Más vale tarde que nunca».

La búsqueda de los responsables de lo que me había sucedido dio por fin sus frutos para descubrir que, a la postre, el único responsable era yo. No tanto de lo que me pasara, sino de cómo reaccioné ante esos acontecimientos. Al repasar mi vida, me daba cuenta de que muchas de las cosas que nos pasan no dependen de nosotros, sino de infinidad de causas y condiciones. Lo que sí depende de nosotros es cómo actuar ante los dilemas que nos propone a cada instante la vida, y las pruebas demostraban que errar había sido mi constante. Arreció entonces la tercera tormenta, pero esta vez me encontré solo ante el peligro. Esta vez se trataba de algo más serio, se trataba de perdonarme a mí mismo.

Empecé mal. Me dio mucho coraje que no hubiese nadie más, excepto yo mismo, a quien echarle la bronca por tanto desatino. Intenté luchar contra la rabia que sentí dándome ánimos, diciéndome a mí mismo que no era para tanto, que no le hiciera caso, que lo olvidara. Pero estaba aprendiendo a escucharme y mi propia voz vino a decirme que la dejara estar, que tenía buenas razones para la pataleta y que pasaría. Así fue y, al igual que les sucede a los niños pequeños, después de la rabieta vino el llanto desconsolado. Los paquetes de Kleenex volaban y casi le descoyunto el hombro a Angélica de tanto usarlo. Llovió sin cesar durante muchos días, pero aquella lluvia caía sobre campos que llevaban mucho tiempo sin regarse y, al salir el sol, todo apareció lleno de brotes verdes, de posibilidades. No podía cambiar el pasado ni quien había sido, las cosas eran como eran, y al aceptarlo me sentí sorprendentemente liberado y pude empezar a perdonarme.

—¿He desperdiciado mi vida?

—Todo depende de lo que hagas con ella a partir de ahora —contestó la voz.

Supernova

Una supernova es la explosión de una estrella al morir. Esparce por el cosmos distintos elementos pesados que lo enriquecen. Tales elementos, entre los que se encuentra el carbono, son los que dan lugar a otras estrellas, planetas y, por supuesto, la vida, estamos hechos literalmente de eso, de polvo de estrellas. En cierta manera tenemos el mismo funcionamiento que el universo creador. Claro que nos resistimos, pero es bueno morir miles de veces a lo largo de nuestra vida. No solo porque nos prepara para cuando llegue el momento de lo desconocido, sino porque con cada muerte se expanden nuestras posibilidades de salvación.

La sabiduría que hemos ido adquiriendo aumenta, lo que evita que repitamos errores innecesarios, y las huellas que dejamos para que los demás las sigan o las eviten son más profundas. El nuevo Alonso estaba formándose con los restos del viejo transformados en otros más benignos merced a la experiencia. Y pude, además, combinarlos con otros, los de mi parte espiritual, que nunca había tenido en cuenta a pesar de que siempre estuvieron ahí.

Aún hoy sigo sorprendiéndome y aprendiendo de aquel Alonso que fui y de los cambios que se han ido produciendo dentro de mí desde entonces. Recordar el que fui me sirve para entender cómo somos los seres humanos, cómo es nuestra mente y hasta qué punto las circunstancias son capaces de moldearnos, vendarnos los ojos y conseguir que nos toleremos a nosotros mismos, por muy vacuos o reprobables que sean nuestros actos.

Pocas veces recurrimos a la maldad, al error o a la ignorancia para explicarnos a nosotros mismos cuando estamos inmersos en nuestras propias convicciones o somos víctimas de nuestras pasiones más peligrosas. Siempre encontramos motivos para justificar nuestros fallos. Normalmente tienen que mediar el tiempo y otras experiencias que nos permitan el contraste para darnos cuenta de lo mucho que pudimos equivocarnos y, aun así, nos cuesta enmendarnos o intentar reparar el daño que les hicimos a los demás.

Y de eso, precisamente, es de lo que más nos arrepentimos cuando, a través de alguna brecha en el caparazón de trivialidades que envuelve nuestra alma, vemos lo que verdaderamente importa.

Lo que más nos duele, cuando la muerte
se pone de por medio, es el daño,
el dolor que infligimos o la felicidad que no
supimos o pudimos dar a quienes tuvimos
oportunidad, sobre todo a nuestros seres queridos.

Cuando los perdemos, lamentamos no lo que hicimos, sino lo que no hicimos con ellos. No haber dado aquel paseo por la orilla del mar, no haber cogido más su mano, no haberle dado más besos, más abrazos, más tiempo.

Pero vi que era posible coger esos recuerdos incandescentes que cada cierto tiempo acudían a mi memoria, dotarlos de sentido, para que no ensombrecieran mi presente, e intentar transmitírselos a otros por si les sirvieran para no cometer los mismos errores. Cada vez tengo más claro que lo mejor que puedo hacer en mi vida es, en la medida de mis posibilidades, darme. Digo en la medida de mis posibilidades porque os reconozco que es todo un aprendizaje, y resulta mucho más complicado de lo que creía.

6

¿Y ahora qué?

Rocky Balboa, uno de los personajes de cine que he beatificado, era un boxeador que nunca ganaba por la vía rápida. No se caracterizaba por poseer una técnica perfecta, sino por su pundonor. En cada uno de sus combates, su oponente le daba estopa hasta decir basta y lo tumbaba varias veces, pero siempre se levantaba y al final conseguía vencerlo.

Su filosofía de vida, que aplicaba tanto en el cuadrilátero como fuera de él, se resumía en que:

«La vida te tumbará, es más dura que cualquiera. Lo importante es levantarte y seguir luchando».

Una gran verdad que cualquier persona puede comprobar por propia experiencia, junto con un buen consejo motivador que aplicar. Simple pero eficaz. Imagino que tal vez por eso la saga gustó tanto.

En esas estaba yo. El destino me había mandado a la lona y justo antes de que terminara la cuenta atrás conseguí levantarme a duras penas. Ahora me encontraba de pie dispuesto a seguir adelante, pero aún me tambaleaba y tenía por delante una vida nueva a la que enfrentarme. Contaba con la ayuda de mi mujer, de nuevos amigos, de la meditación, pero seguía sin ser suficiente, la pregunta aún persistía en mi cabeza…

—¿Y ahora qué, Alonsito? ¿Qué camino tomamos? —le pregunté a la voz.

—Cualquiera que no hayas recorrido ya. Aquellos llevaban a lo imposible.

—¿Lo imposible? —pregunté curioso—. ¿Estás diciéndome que toda la vida he perseguido imposibles?

—¿Por qué me preguntas si ya lo sabes? —concluyó sonriendo mientras se alejaba.

Puede que lo supiera, pero, desde luego, la respuesta no estaba a simple vista, así que tocaba ponerse a desbrozar el asunto. La primera medida fue intensificar las sesiones de meditación. Era un punto fundamental según uno de los libros del dalái lama que me habían guiado: **para pensar en cualquier cosa con eficacia es preciso hacerlo con calma, mucha calma, y las veces que sean necesarias hasta llegar a su**

raíz. No le faltaba razón al buen hombre. Indagué sobre algunas de las cosas que había perseguido a lo largo de mi vida.

Como Alonso, empecé a perseguir imposibles en cuanto mi carrera televisiva se disparó. Hasta ese momento podía incluso sentirme orgulloso de determinadas decisiones. Abandoné una incipiente carrera futbolística cuando tenía diecisiete años porque no me salían las cuentas en la relación sacrificio-opciones de éxito y cuando tenía veinte me despedí de mi trabajo como comercial una buena mañana en la que me sentí atrapado con traje y corbata en un pequeño pupitre. Dicho esto con todos los respetos a los comerciales, por supuesto.

Uno puede no saber lo que quiere y, en cambio, tener muy claro lo que no quiere.

Tras dos años vendiendo cuñas de radio, me di cuenta de que, sencillamente, no era lo mío. Tampoco tenía muchas pegas que poner a mis anhelos durante mis primeros años en televisión: tan solo aspiré a tener un sueldo decente, vivir con mi pareja y tener un hijo, cosas que conseguí.

Pero con veintisiete años y mi hija a punto de nacer, llegaron los grandes contratos televisivos y de la noche a la mañana me convertí en un presentador de élite. Y ahí sí que empezó mi búsqueda de lo imposible. Durante años quise ser el mejor presentador: el más guapo, el que más programas hiciera, el que más mujeres enamoraba... Quise ascender a las cumbres más altas del éxito y amasar fortunas. **Quise tener razón y que me quisieran sin querer yo a nadie.**

Ni siquiera cuando lo imposible dejó de ser un rastro para convertirse en un eco del pasado dejé de desearlo: seguí queriendo lo mismo y me engañé durante años pensado que todo volvería a ser, como por arte de magia, igual que antes.

Empezaba a ver las cosas claras, pero aún me quedaba una duda: si cuando me pregunté a mí mismo si había perseguido lo imposible, lo había hecho pensando en toda mi vida.

¿Estás diciéndome que toda la vida he perseguido imposibles?

Aunque fuera inconscientemente, me pareció que no me lo había preguntado en vano. Seguí meditando, rascando, dándole vueltas hasta que logré salir de lo concreto, de los detalles materiales que quería aquel Alonso, para empezar a indagar en algo más grande, en lo que había deseado como ser vivo, como ser humano. Lo que descubrí me pareció en ese momento mucho más preocupante. Resultó que la verdadera persecución de lo imposible había empezado cuando, siendo aún muy niño, fui consciente de que un día moriría. La idea me aterró y, desde entonces, fui, con ciega desesperación, en pos de la mismísima inmortalidad.

Si no me había dado cuenta antes es porque el problema de la muerte se disfrazaba continuamente.

La característica más cruel de lo imposible es que adquiere la apariencia de lo posible.

Todo lo que me había propuesto conseguir, como fama, éxito y dinero, parecía real e incluso consolador, pero **cuando parecía que lo había logrado, nunca resultaba suficiente.** Era como cuando en sueños perseguimos a alguien a quien nunca alcanzamos por mucho que parezca que nos acercamos, o como cuando los burros persiguen una zanahoria atada a un palo. **Me propuse entonces hacer desaparecer el deseo de lo imposible.**

No basta con saberlo, hay que hacerlo

Surgieron nuevas complicaciones. Descartar caminos ya recorridos no suponía demasiados problemas y, además, en muchos sentidos, fue un alivio. Ser popular no es tan grato como puedas pensar: nunca estás tranquilo. Lo del dinero no está mal, no nos vamos a engañar, pero no hace falta tener tanto para ser feliz. Y acerca del éxito, qué te voy a contar…

El éxito es tal vez la cosa más rara
y absurda a la que puede aspirar un hombre.

De esto último me ayudo a convencerme una reflexión de Carl Sagan en *Un punto azul pálido,* uno de sus libros. Sagan era un tipo muy curioso que participaba en el proyecto de las misiones Voyager de la NASA. Planeó con antelación que, cuando una de ellas estuviera más allá de la órbita de Neptuno, las cámaras de la nave se orientaran para enfocar la Tierra. El resultado de las tomas mostraba nuestro planeta como un punto minúsculo de color azul pálido, de ahí el título del libro, suspendido en el vasto universo rodeado de una infinitud de puntos luminosos de distintos colores. El capítulo 1, titulado «Estamos aquí», acaba de la siguiente manera:

> Ahí está. Es nuestro hogar. Somos nosotros. Sobre él ha transcurrido y transcurre la vida de todas las personas a las que queremos, la gente que conocemos o de la que hemos oído hablar y, en definitiva, todo aquel que ha existido […].

[…] de toda la historia de nuestra especie han vivido ahí… sobre una mota de polvo suspendida en un haz de luz solar.

[…] Pensemos en los ríos de sangre derramada por tantos generales y emperadores con el único fin de convertirse, tras alcanzar el triunfo y la gloria, en dueños momentáneos de una fracción del puntito. Pensemos en las interminables crueldades infligidas por los habitantes de un rincón de ese píxel a los moradores de algún otro rincón, en tantos malentendidos, en la avidez por matarse unos a otros, en el fervor de sus odios.

Nuestros posicionamientos, la importancia que nos atribuimos, nuestra errónea creencia de que ocupamos una posición privilegiada en el universo son puestos en tela de juicio por ese pequeño punto de pálida luz. Nuestro planeta no es más que una solitaria mota de polvo en la gran envoltura de la oscuridad cósmica. Y en nuestra oscuridad, en medio de esa inmensidad, no hay ningún indicio de que vaya a llegar ayuda de algún lugar capaz de salvarnos de nosotros mismos.

[…] Quizá no haya mejor demostración de la locura de la vanidad humana que esa imagen a distancia de nuestro minúsculo mundo. En mi opinión, subraya nuestra responsabilidad en cuanto a que debemos tratarnos mejor unos a otros y preservar y amar nuestro punto azul pálido, el único hogar que conocemos.

Pero, al contrario que con los viejos hábitos, **deshacerme de mi impulso de obviar la muerte se me antojó mucho más complicado y, aunque algo he avanzado, a día de hoy aún sigo con ello.** La mayor dificultad con la que me enfrento es que, por mucho que intente familiarizarme con la muerte, comprenderla o convencerme de que esto no termina aquí, morirme o que se me muera alguien siempre acaba pareciéndome una faena. Y es que esta vida, por mucho que diga mi idolatrado Rocky Balboa, es una auténtica pasada.

—Una cosita, Alonsito, el de ahí dentro…, ¿cómo puedo hacer para empezar a llevarme mejor con la muerte? —me pregunté.

—Acercándote —contestó mi voz.

Compasión en movimiento

Busqué algún voluntariado de compañía a personas enfermas y tuve la gran suerte de encontrar una posibilidad en el hospital de Guadalajara, en las plantas de oncología. Tras superar la entrevista de la psicóloga jefa, me estrené en mi nueva labor como voluntario.

El primer día llegué con la antelación suficiente como para tomarme un café y fumarme un cigarrillo. Necesitaba tomar conciencia de adónde iba y para qué. Al terminar, me dirigí al hospital, que estaba a unas tres manzanas. Los nervios, la ilusión y el miedo empezaron a alborotarse en mi interior. Iba repasando mis dudas, aunque todas se resumían en una: ¿cómo tiene uno que comportarse ante la enfermedad ajena? La verdad es que no sabía muy bien qué hacer, me iba a costar ser natural, no estaba acostumbrado. Diría que, en general, nos pasa a todos; supongo que será porque no nos gusta recordar que nosotros también estamos expuestos a ella. En la vida le damos mucha importancia a prepararnos para muchas cosas, como prosperar, tener éxito, ganar dinero. **Dedicamos mucho de nuestro tiempo a formarnos para esos fines, pero muy poco a afrontar lo ineludible.**

Por un momento pensé en salir corriendo, me decía a mí mismo que no iba a ser capaz, pero recordé una frase cuya autoría es difícil de aclarar:

«El perdón es una decisión, no un sentimiento».

Lo mismo, me dije, se puede aplicar a obrar bien. Cualquier ejercicio requiere algo de disciplina, y la verdad es que yo tengo mi compasión bastante desentrenada. Recurrí a un ejercicio mental: **imaginé, para desembarazarme del ego, que con cada paso que daba hacia el hospital iba**

empequeñeciendo hasta hacerme diminuto. Me ayudé comparando lo que hacían las personas que trabajan en un hospital en su día a día y las cosas que hacía yo. Ellos curaban física y psicológicamente, acompañaban, lavaban, cuidaban, apoyaban y consolaban a otras personas que no podían valerse por sí mismas. Yo, sin embargo, lo hacía casi todo pensando en mi propio beneficio.

Ya en los pasillos del hospital, rodeado del rumor de tanta entrega, terminé de convencerme de lo ridículo que resultaba mi ego. Sin él, sale a relucir lo único en lo que podemos confiar, eso que tenemos y que no necesitamos aprender, solo recordar: nuestra humanidad. Fue un día inolvidable para mí, intenso, complicado e impactante.

Lo primero que descubrí fue que todo lo que en cualquier otra de mis actividades se podría interpretar como fracaso, frustración o una simple metedura de pata, durante el voluntariado se convertía en un aprendizaje. Dejó de importarme lo que pudiera hacer mal como voluntario, porque bajo cualquier error se agazapaba la conciencia de que había actuado movido por la necesidad de hacer algo bueno. Me lo decía la razón, pero, sobre todo, me lo decía el corazón. Lo que aquella voz interior había intuido era real:

Ver la enfermedad y la muerte tan de cerca me sirvió para empezar a negociar con mi temor a ambas.

Ocurren muchas cosas cuando nuestra compasión se pone en movimiento. Aquel voluntariado fue muy importante en mi vida, provocó un gran cambio en mi interior. **Desde entonces, le doy muchísimo valor al tiempo y me preocupo mucho por sentirme orgulloso del uso que hago de él.**

La tranquilidad de haber aprovechado la existencia es lo que marca la diferencia entre despedirse de este mundo atormentado o en paz.

Eso sí, adivinar cómo aprovecharla es todo un reto, y solo podremos aprenderlo a base de ensayo y error, con la dificultad añadida de lo incierto de nuestra fecha de caducidad, lo que hace que intentarlo sea, como decía Pau Donés, urgente.

Recuerda las primeras veces

—Aprovechar el tiempo, aprovechar el tiempo. Pero ¿cómo? —me repetía una y otra vez mientras me balanceaba en el columpio del jardín.

—Podrías no abarrotarlo de tantas cosas en tu intento por acertar, quizá con pocas sea suficiente.

—Eso es fácil decirlo: ¡hay tantas cosas que querría hacer! —contesté ansioso.

—Por mucho que te esfuerces, nunca podrás hacerlas todas, incluso hay algunas con las que sigues soñando de las que ya no eres capaz. Tienes cincuenta y dos tacos —añadió riéndose—, no puedes correr los cien metros lisos en 9,58 segundos.

—¿Toca resignarse?

—Es lo más inteligente ante lo inevitable ¿No te parece?

Me recosté en el columpio y recorrí pensativo con la mirada los rosales del jardín.

—Parece sensato.

—No es para tanto, hasta tiene su puntito. —Luego añadió—: ¿Te acuerdas de lo que leímos sobre la contemplación?

Levanté la mirada hacia el cielo mientras rebuscaba en mi memoria.

—¿Lo de detenerse a admirar las cosas bonitas del mundo?

—Podrías probar. Aquel párrafo hablaba de la importante que es tomar conciencia del tan efímero milagro de la vida, de su fragilidad. Decía que nos hace valorarla como se merece.

—Pero ¿y el futuro? Tengo que asegurarlo, tengo que planificar mi vejez. No puedo detenerme. Aún puedo ganar bastante dinero con la televisión y con los eventos. Si consigo ahorrar algo, con un poco de suerte, quizá podría empezar un pequeño negocio que me asegure otros ingresos.

—Ya estamos —se rio—. ¿Qué nos dijimos de los caminos ya recorridos? Haz una cosa —me dijo como si hubiera recordado algo de repente—: Busca en tu móvil el *reel* del pescador y el turista norteamericano.

Fui al despacho a por el teléfono y volví al columpio. No me costó encontrarlo. Aquella historia había llamado mi atención y me preocupé de guardarla. Me puse cómodo y le di al Play. Un señor contaba la historia:

TURISTA AMERICANO: Y usted, ¿a qué se dedica? ¿En qué trabaja?

PESCADOR: Bueno, yo soy pescador.

TURISTA AMERICANO: ¡Caramba! Un trabajo muy duro. Trabajará usted muchas horas cada jornada.

PESCADOR: Sí, bastantes horas.

TURISTA AMERICANO: ¿Cuántas horas trabaja como media cada día?

PESCADOR: Bueno, yo le echo a la pesca dos o tres horitas.

TURISTA AMERICANO: ¡Qué me dice usted! ¿Y qué hace con el resto de su tiempo?

PESCADOR: Pues yo me levanto tarde, pesco un par de horas, juego un rato con mis hijos, duermo la siesta con mi mujer y, al atardecer, salgo con unos amigos a beber unas cervezas.

TURISTA AMERICANO [AIRADO]: Pero ¿cómo es usted así?

PESCADOR: ¿Qué quiere decir?

TURISTA AMERICANO: ¿Que por qué no trabaja más?

PESCADOR: ¿Y para qué?

TURISTA AMERICANO: Pues porque si trabajase más, en un par de años dispondría de un barco más grande.

PESCADOR: ¿Y para qué?

TURISTA AMERICANO: Más adelante podría abrir una factoría en este pueblo.

PESCADOR: ¿Y para qué?

TURISTA AMERICANO: Con el paso de los años, montaría una delegación en el Distrito Federal.

PESCADOR: ¿Y para qué?

TURISTA AMERICANO: Más adelante todavía, abriría oficinas en los Estados Unidos y en Europa.

PESCADOR: ¿Y para qué?

TURISTA AMERICANO: Las acciones de su empresa cotizarían en bolsa.

PESCADOR: ¿Y para qué?

TURISTA AMERICANO: Sería usted inmensamente rico.

PESCADOR: ¿Y para qué?

TURISTA AMERICANO: Bueno, qué sé yo... Al cumplir sesenta y cinco o setenta años, podría retirarse tranquilamente y venir aquí, a este pueblo, a levantarse tarde, pescar un par de horas, jugar un rato con sus nietos, dormir la siesta con su mujer y salir con los amigos a beber unas cervezas al atardecer.

Mi voz y yo nos reímos a carcajadas. La moraleja estaba clara. Aun así, pensé que no estaba tan mal el plan del turista americano, pero luego pensé un poquito más y caí en la cuenta de que cuando se hacen planes de ese tipo, a largo plazo, apuntamos todo lo que queremos conseguir y trazamos un minucioso plan que, a costa de mucho esfuerzo y sobre todo de nuestro tiempo, probablemente, nos dará resultados.

Sin embargo, no pensamos con el mismo cuidado en la cantidad de cosas que perderemos para siempre mientras seguimos nuestro plan. Por eso es frecuente que un buen día miremos atrás y nos quedemos perplejos. Nos damos cuenta de que la vida nos ha arrollado, de que de repente hemos envejecido, de que nuestros hijos ya no tienen edad de jugar, de que muchas de nuestras amistades se perdieron por otros caminos y de que no disfrutamos lo suficiente de lo bello de este mundo con el amor de nuestra vida.

Ya tenía otro objetivo por conquistar. Todo entrañaba una dificultad, una complicación, un dilema, lo había experimentado en mis propias carnes, y al final me esperaría la muerte, pero, a pesar de todo, la vida era hermosa.

También me di cuenta de que es más difícil sentirse querido que querer y de que para conseguirlo me haría falta dedicación y admiración por los demás y por este mundo. Nuestro tiempo es breve, lo importante está en las pequeñas cosas, y quise merecerme añadir entre mis frases de despedida de este mundo una de gratitud que dijera:

Dios, no me diste tiempo para más,
pero gracias por tanto poquito.

7

Como pelotas de pimpón

Mi labor como voluntario en el hospital consistía en recorrer con mis compañeros las habitaciones que teníamos asignadas para charlar con los pacientes. Les ofrecíamos tés, zumos o caramelos y nos quedábamos un rato con ellos haciéndoles compañía para tratar de animarlos.

Una mañana estaba haciendo la ronda de visitas y, en una de las últimas habitaciones, conocí a Batman. Acababa de terminar su sesión de quimioterapia y tenía que esperar cierto tiempo para que los médicos se aseguraran de que los efectos secundarios fueran soportables. Su pareja, una chica encantadora y sonriente, lo acompañaba. Tras presentarme y traerles unos zumos, entablamos conversación.

Los dos eran amables, simpáticos y divertidos. Daba la sensación de que lo que le pasaba a Batman, aunque fastidioso, no revestía la suficiente gravedad como para dudar de su cura, pero yo estaba impactado. El tipo de cáncer que padecía se manifestaba físicamente a través de un bulto redondo y amenazante que sobresalía en un lateral de su cuello. Por fin, al cabo de unos minutos de conversación, me atreví a preguntarle.

—Y… ¿cómo estás? ¿Cómo lo llevas?

—Pues no lo llevo mal del todo. Entiéndeme, Alonso…, esto es un coñazo, estoy por mudarme aquí enfrente —me contestó riéndose—, me paso la vida en el hospital, pero es lo que hay y seguro que esta vez acabamos con el bicho.

—¿Desde cuándo tienes el bulto?

—Este, en concreto, desde hace poco, pero no es el primero. Mira, de aquí —me dijo enseñándome una cicatriz en otra parte del cuello— ya me extirparon uno. Me dieron quimio y parecía que ya estaba bien, pero ha vuelto a reproducirse y ahora tengo varios. Por aquí me está saliendo otro —esta vez se rozó un lateral de la cabeza—, pero no pasa nada, acabamos de empezar un segundo tratamiento.

—Madre mía, madre mía… ¡Qué huevos tienes!

Soltó una carcajada y me corrigió:

—Lo que tengo son pelotas de pimpón para aburrir, parezco una máquina expendedora. —Volvió a reírse sonoramente y, tras unos segundos de estupefacción, le acompañé con otra risotada.

Aquella noche pensé mucho en mi encuentro con Batman; su sentido del humor me había dejado sorprendido.

No hacía muchos días, Angélica me había dicho que, a pesar de los cambios positivos, me veía demasiado serio. **Hasta ese momento yo creía que todo iba bien, me sentía moderadamente satisfecho con mi conquista espiritual y cada vez me involucraba más.** Pero alguna tecla interna tuvo que tocarme, porque me dejó pensativo.

Tenía razón, andaba todo el día meditabundo y ausente. Tampoco era de extrañar, había conseguido cierta calma para afrontar mis problemas y mis miedos, pero no dejaba de estar en plena encrucijada con mi propio destino. Además, estaba inmerso en los voluntariados y ver la muerte cara a cara me daba mucho que pensar. Era el quehacer más bonito, gratificante e interesante al que me había dedicado en toda mi vida, pero no resultaba fácil.

Por un lado, constataba la crueldad de la enfermedad y, por otro, asumía a golpe de realidad que algún día, salvo que la muerte me sorprendiera repentinamente, yo también pasaría por el mismo trance de sufrimiento, miedo e incertidumbre.

Pensaba en esa pregunta sin sentido y tan familiar —yo mismo me la había repetido muchas veces en los peores momentos de mi adicción— que casi todos nos hacemos cuando nos sobreviene la tragedia en alguna de sus múltiples formas: «¿Por qué a mí?». Y empezaba a entender más que nunca aquella frase dirigida a los vivos que reza en la entrada del cementerio de Polloe: «Pronto se dirá de vosotros lo que suele decirse de nosotros: ¡¡Murieron!!».

Aun así, **me propuse remediarlo: quería recuperar mi alegría. Bastantes penas había tenido ya en mi vida.** Pero ¿cómo podía conseguirlo? ¿Cómo podía conciliar la cruda verdad con la alegría?

Batman me había dado la clave. **A partir de aquel día me propuse estar atento para captar, aunque fuera momentáneamente, cualquier resquicio de sentido del humor, alegría o normalidad que pudiera haber en las distintas actitudes con las que los enfermos o familiares se enfrentaban al sufrimiento.** Ya con todos mis sentidos afinados, fui descubriendo que había más muestras de las que pudiera imaginar.

Tuve tiempo de confirmarlo con Superman, otro paciente. Llevaba ingresado bastante tiempo y ya había coincidido con él varias veces. Era un tipo bajito, de unos setenta años, que cuidaba mucho su aspecto. La bata reglamentaria de paciente ingresado era lo único por lo que uno podía adivinar que estaba enfermo. Siempre estaba aseado, bien peinado y, si podía, nos recibía fuera de la cama. No hablaba mucho, pero se notaba que le gustaba que le visitáramos.

Su mujer, que no se separaba de él, era la encargada de transmitirnos el parte diario y la mayoría de los detalles sobre sus vidas en el pueblo. Él intervenía solo cuando lo creía necesario, pero no se perdía ni un detalle, parecía estar anotándolo todo mentalmente.

Un día pasaba yo por el pasillo y me vio desde el fondo de su habitación. Estaba sentado en la butaca con una revista entre las manos.

—¡Alonso! —me llamó en voz alta. Todo el mundo dirigió su mirada hacia mí. Lo miré y, sin darme tiempo a contestar, añadió—: ¿Dónde vas con esas barbas? Aféitate, hombre.

Casi me muero de vergüenza, no sabía dónde meterme. Lo primero que pensé fue en cómo estrangularlo, pero al dirigir hacia él mi vista me fijé en su sonrisa. Iba acompañada de un brillo en su mirada que resultaba a la vez canalla y divertido. Me atusé la barba que llevaba descuidada mientras me sobreponía y le contesté:

—Es que no esperaba verte.

Más tarde, en otro voluntariado, conocí a Esteban. Nunca se me olvidará el primer día que nos vimos. Había ido a la Fundación del Lesionado Medular, donde había quedado para que nos presentaran, hecho un manojo de nervios.

Sabía muy poco de él, tan solo que era tetrapléjico y que había solicitado un voluntario que lo acompañara un día a la semana a dar una vuelta por los alrededores del centro.

La cita constaba de dos partes: una en la que me entrevistaría con la directora del Departamento de Psicología para ver si cumplía los requisitos necesarios y otra en la que lo conocería y me explicarían el funcionamiento de su silla.

En un momento dado, ya en la entrevista, pregunté por el perfil psicológico de una persona que tan solo podía mover levemente el cuello. Lo pregunté porque esperaba encontrarme con una persona deprimida, triste y con pocas esperanzas, y quería saber cómo tenía que comportarme. Me llevé la primera sorpresa; la directora del Departamento de Psicología debió de intuir lo que estaba pensando y me contestó escuetamente:

—Te sorprendería la capacidad de adaptación que tiene nuestra mente.

Seguimos charlando un rato y al cabo me condujeron a otra sala, donde me hicieron esperar unos minutos a solas mientras iban a buscar a Esteban. Intenté calmarme respirando, pero solo lo conseguí a duras penas. Siempre me había parecido que quedarse tetrapléjico era una de las cosas más terribles que podían pasarle a un ser humano, estaba a punto de conocer a uno de ellos y no tenía la menor idea de cómo iba a reaccionar. En el encuentro que estaba a punto de darse, ambos tendríamos que decidir cosas: **él, si me aceptaba, si le inspiraba la confianza necesaria, y yo tenía que descubrir si iba a ser capaz de superar mis propios miedos.**

Pasado un tiempo, oí pasos y voces que se acercaban por el pasillo y por fin se abrieron las puertas. La imagen me resultó impactante. Esteban venía, acompañado de una enfermera y de la directora de Psicología, en una silla de ruedas que accionaba con un sensor a la altura de su boca. Además, le habían hecho una traqueotomía y estaba conectado a través de un tubo a una máquina respiradora. Pero nada más verlo, **en cuanto nuestras miradas se cruzaron, supe que le debía un gran favor.** Él también estaba nervioso, pero sobre todo estaba ilusionado, me lo dijeron las chiribitas de sus ojos. Y fueron su ilusión y su alegría las que me convencieron de que no solo iba a ser capaz, sino que iba a aprender muchas cosas de la vida.

Aquel día no salimos, pero a la semana siguiente hicimos nuestra primera excursión juntos y empezamos a conocernos. Me contó lo que le había pasado. Esteban era recortador de toros, un oficio peligroso. Consiste el arte en evitar la embestida del toro de turno, con la única ayuda del cuerpo o, como mucho, un palo a modo de pértiga, a base de recortes, quiebros o saltos. Cuanto más ajustados a los pitones, mejor. En uno de esos lances, intentó saltar al toro por encima, pero este le golpeó las espinillas y alteró la trayectoria del salto. Cayó de cabeza y se lesionó las vértebras cervicales. Había sucedido hacía ya doce años, cuando tenía veintisiete.

Lo que cada día me sorprendía de Esteban, y me sigue sorprendiendo hoy, es que nunca se lamentaba. Si yo me viese en su situación, no sé si lo hubiese soportado. Recibir la terrible noticia, someterse a incontables operaciones, pasar años hospitalizado, ser dependiente, vivir en un centro, alterar la vida de todo tu entorno... ¿Cómo era posible que siempre me esperara con alegría, que bromeara, que hiciera chistes? **Al principio me costaba entenderlo, pero, a medida que fui sabiendo más de su historia, pude llegar a comprenderlo: Esteban no estaba solo.**

Tenía un buen amigo, Carlos, otro de los residentes. En su caso, una carga de material de una obra en la que trabajaba se soltó de la grúa y se le cayó encima. Al principio pintaba feo, creían que nunca andaría, pero con rehabilitación y mucho esfuerzo lo consiguió, aunque a duras penas: la mayor parte del tiempo se desplaza en silla de ruedas. No tardó en apuntarse a nuestras salidas y, desde hace algo más de un año, nos juntamos los tres una vez por semana para compartir un rato de tiempo y vida.

La característica principal de Carlos es su magnífico sentido del humor. Es uno de esos tipos dotados de una gracia natural, no forzada, capaces de arrancarle una carcajada a cualquiera. Lo que más me gusta de nuestros encuentros son las veces que hace que Esteban no pueda contener la risa; son momentos maravillosos y únicos. Cuando se dan, me limito a recostarme en mi silla para disfrutar de la escena y tomar notas mentales.

El siguiente elemento de la ecuación, para mí el más importante, es Reme, la madre de Esteban. Reme puede parecer menudita, pero es como un buldócer, fuerte, poderosa, sin dudas, capaz de echarse cualquier cosa a las espaldas y tirar para adelante. Esteban me contó que, cuando tuvo el accidente, habló a solas con una doctora sobre sus posibilidades y la calidad de vida que tendría.

—Alonso…, tras escuchar la cruda realidad y el futuro que me esperaba, quise que me desconectaran de la máquina que me mantenía vivo. Mi madre estaba en la sala de espera cuando le comunicaron que había tomado tal decisión. ¿Sabes qué hizo?

—¿Qué?

—Miró desafiante a la doctora, de arriba abajo, y le espetó: «¿Cómo?, ¿qué dice usted? Eso no va a pasar». Fue lo único que dijo antes de apartarla de su camino para dirigirse a mi habitación. Entró dando un portazo y empezó a regañarme como cuando era un niño. «Venga, déjate de tonterías y ponte las pilas, que tenemos mucho camino que recorrer, ya iremos viendo día a día.» Si no llega a ser por ella, hoy no estaría aquí tomándome un café contigo.

Asesina de neuronas

También conocí a Raquel en la Fundación del Lesionado Medular. Su historia es uno de esos casos en los que se demuestra que hay personas en las que la enfermedad se ceba con especial crueldad. Su madre tuvo un cáncer de mama que, afortunadamente, superó; su hija nació con inmadurez pulmonar y debido a sus complicaciones acabó en una sordera profunda. Más tarde, a ella le diagnosticaron la tan temida ELA y su padre falleció de un cáncer de páncreas un par de años después.

Ninguna de esas cosas ha conseguido borrar el encanto, la ternura y la honestidad con lo que siente que desprende Raquel, lo cual es un regalo para el que quiera escuchar. Además, sabe reírse de sí misma:

—Yo es que te veo como un amigo —me dijo un día—, no como una persona que es conocida y todo eso.

—Bueno, es compatible, como ves —contesté yo—, pero en realidad soy muy tímido, en contra de lo que la gente suele pensar.

—¿Y eso qué más da? Hemos congeniado. Además, yo también soy un poco rara.

Me reí.

—Hombre, rara... No sé.

—Que sí, hombre. Soy una asesina de neuronas motoras.

—Bueno, hay cosas peores. Yo antes deforestaba plantaciones de coca en Sudamérica. Eso sí, me retiré, porque era agotador.

Casi llorábamos de la risa.

—¡Me parto! Vaya dos patas *pa* un banco.

Salvaros me salva

No era consciente de la importancia de estas pequeñas anécdotas que os he contado en el momento en que se daban. Duraban segundos y, además, estaban camufladas dentro de la cotidianidad. Pero reaparecían con fuerza cuando por la noche pasaba revista a lo que había hecho a lo largo del día en busca de un antídoto para la seriedad con la que estaba afrontando mi propia tragedia.

Su remedio era, en cierto modo, devastador, pero muy eficaz; consistía en la ridiculización por contraste.

Yo iba por la vida sin pensar, creyendo que mis problemas y mis desgracias eran más importantes e incluso más dignos que los de los demás.

Estaba convencido de que rehacer mi vida requería profundidad, intensidad, solemnidad y un intenso diálogo interno. Pero **cuando vi, en las carnes de mis nuevos amigos, hasta qué punto las cosas se pueden complicar y como, a pesar de todo, en sus vidas cabían la alegría y el sentido del humor, me sentí profundamente ridículo.** Todos ellos me indicaron y me siguen indicando cuál es el camino. Lo que no significaba que fuera fácil seguirlo. Resultó que el humor y la alegría también eran algo por conquistar.

Lo de las pelotas de pimpón de Batman era más serio de lo que parecía: no mucho tiempo después, me enteré de que había fallecido. Superman llevaba lidiando con su cáncer años enteros. Esteban había querido dejar de vivir, pero Reme decidió en un microsegundo, y sin despeinarse, que entregaba todo su futuro a la tetraplejia de su hijo. Carlos perdió a su mujer un par de años después de su accidente y Raquel había aprendido a reírse de sí misma en los breves descansos que se tomaba su llanto.

Pero **todos ellos obligaban a su alegría y humor a no quedarse cruzados de brazos porque, además de para divertirse, les servían también para distraerse, para pedir compañía,** para disfrutar de la vida tomándose un café al sol mientras un amigo les sacaba unas sonrisas o para consolarse y hacer acopio de fuerzas para cuando el dolor volviera a inundar sus corazones.

Merecía la pena su esfuerzo. Sus padecimientos no eran de quita y pon y sus sonrisas eran como luciérnagas brillando en el oscuro bosque de su sufrimiento.

Dicen que quien busca luz la encuentra,
y yo la encontré en ellos.

Solo se trata de vivir, y no podemos sin contar con los demás. Me enseñaron que no tenía tantas preguntas que hacerme y que las respuestas a las necesarias se encontraban delante de mis narices. Siempre habían estado ahí, pero nunca les presté la debida atención.

De todos los milagros que podían existir, el sentimiento de la compasión se colocó entre mis preferidos. Los significados que abarca el término hablan de nuestra capacidad para sentir tristeza cuando vemos sufrir a alguien, junto con el impulso de aliviar o evitar su dolor. Nos nace ese impulso porque todos, en lo más profundo de nuestro ser, compartimos el mismo anhelo: **ninguno queremos sufrir ni morir, y eso es lo único en lo que podemos decir que todos somos iguales.**

Ante esos temores esenciales, deja de servir cualquier cosa que no sea la comprensión, el calor y la ayuda de otra persona. Solo los demás nos pueden ayudar a universalizar nuestro sufrimiento y hacer que nos sintamos menos solos ante lo incierto.

Complicarse la existencia

A veces me pregunto cómo es posible que nos hayamos complicado tanto la existencia. ¿Y si resulta que todo es más sencillo?

Las cosas no han cambiado tanto desde el amanecer de los tiempos. Seguimos teniendo las mismas necesidades básicas. Necesitamos cobijo, alimentarnos, procrear y dormir, igualito que nuestros ancestros más lejanos, que anduvieron por aquí hará miles y miles de años. Ellos tenían que abrir el ojo al amanecer, afilar la lanza y salir de la cueva a pelo, luciera el sol, lloviera o nevara, en pos del animalillo o fruto silvestre que hubiera más a mano. Si no encontraban nada, pasaban hambre; si lo encontraban, había que ver bien quién era la presa y quién el cazador, y si tenían un accidente o enfermaban, lo más probable era que se murieran.

Nosotros también tenemos que salir al mundo, pero nos despertamos en nuestra casa con una temperatura agradable. No tenemos que preocuparnos por encontrar comida, de hecho, está por todas partes, hay tanta que nos sobra, aunque aún no hayamos aprendido a repartirla como es debido y desperdiciemos unos novecientos millones de toneladas al año, y además no corremos el riesgo de que nos aplaste un mamut cabreado. Incluso si algún elefante de los de hoy nos descuajeringara de un trompazo, vendría una ambulancia del Sámur que nos llevaría a un hospital donde prodigiosos médicos harían todo lo posible por deshacer el estropicio, y si enfermamos, tres cuartas partes de lo mismo. En cuanto a lo de tener sexo, basta con bajarse cualquier aplicación de citas para encontrar, si no a tu media naranja, al menos a alguien con quien pasar un rato.

En principio, **parece que lo tenemos mucho más fácil para cubrir esas necesidades esenciales, que lo tenemos todo a nuestro alcance para vivir felices.** Sin embargo, se da que todo parece complicarse.

A pesar de nuestro desarrollo, nuestros logros y comodidades, cada vez nos atiborramos más de antidepresivos y ansiolíticos, y el número de personas, entre ellos jóvenes, que optan por quitarse la vida sigue subiendo.

No digo que las cosas sean fáciles, estaría mintiendo, pero lo cierto es que nunca lo han sido. Sin embargo, a pesar del tiempo que llevamos lidiando con nuestro sino, en vez de acostumbrarnos o aceptarlo, parece que cada vez lo llevamos peor. ¿En qué momento empezamos a complicarnos tanto la existencia?

Quizá fuera cuando se nos ocurrió preguntarnos aquello de: ¿quiénes somos?, ¿de dónde venimos?, ¿adónde vamos? y, sobre todo, ¿por qué nos tenemos que morir? Sí, lo sé, era inevitable preguntárselo; para bien o para mal, tenemos conciencia de nosotros mismos, pero ¿y si nos lo preguntamos demasiado en serio?

Lo que hemos hecho desde entonces es buscar desesperadamente la manera de eludir nuestro destino. Lo hemos probado todo: la religión, la filosofía, las ideologías, la ciencia. Esta última es la que más se lleva en estos tiempos y en la que hemos depositado todas nuestras esperanzas. No es para menos, está preñada de promesas sobre la inmortalidad. Pero esas promesas son a costa de que muramos, y no nos damos cuenta de que al final nos estrellaremos contra el mismo muro.

Los cambios que se anuncian sugieren que tanto nuestro organismo como nuestra conciencia, merced a la tecnología y la ingeniería genética, dejarán de ser lo que son ahora para ser otra cosa. Puede que lleguemos a ser inmortales, pero ya no seremos nosotros, seremos otros, de igual modo que el *Homo erectus* y el *Homo sapiens* no son lo mismo.

Resulta que pasamos de ser una cosa a otra con un cerebro más capaz debido a una caprichosa mutación genética que nuestra tecnología podrá hacer a la carta en un futuro no muy lejano.

Pero sea fruto del azar o intencionadamente,
la condición de todo seguirá siendo el cambio.

Todo es porque aquello dejó de ser y todo será porque esto dejó de ser, es la ley del universo. Quizá nos iría mejor si, en vez de preguntarnos tanto quiénes somos y adónde vamos, simplemente nos dijéramos: «Somos esto y estamos aquí». No me malinterpretéis, hay que preguntarse cosas, pero cada vez estoy más convencido de que sin exceso de seriedad.

8

No todos somos Gandhi

Dudaba de lo que fuera a pasar y no sabía cómo sería el nuevo Alonso. Tenía miedo, pero también algo muy claro: era en ese momento o nunca. Así que cualquier otra cosa que no estuviera enfocada a mi recuperación pasó a ser secundaria, incluido el aspecto laboral. Decidí dejar mi ocupación principal en la tele y confié en poder ir tirando con trabajos sueltos aquí y allá para dedicarme por entero a mis tareas de reforma interior, que no eran pocas, tenía goteras por todas partes.

Durante un año aproximadamente estuve entregado a esa idea. Meditar se convirtió en la medicina más eficaz para mitigar mi atolladero mental y ayudar a los demás, a través de los voluntariados, me servía para ir saneando mi corazón. Me empleé a fondo y los resultados no se hicieron esperar. Pero, como pasa con cualquier proceso que se prolonga en el tiempo, fueron sucediéndose distintas etapas, cada una con sus particulares características.

La primera me deslumbró y me atrajo poderosamente. **Disciplinar la mente y la compasión fueron los hallazgos más relevantes que había hecho en mi vida, y estaba fascinado.** No pensaba en otra cosa y las fuertes sensaciones que me producían mis nuevas experiencias me acompañaban todo el día. No era para menos, acababa de descubrir un método infalible para sentirme en paz conmigo mismo, algo que llevaba buscando toda mi vida.

Lo único que me fastidió de ese descubrimiento es que podía haberlo hecho mucho antes, con lo que me hubiese ahorrado un montón de disgustos. Estaba escrito en los libros, en los de religión, los de filosofía y los de ciencia. La relación entre nuestra mente y nuestro corazón es más armónica cuando nos sentimos tranquilos y en calma, y más caótica cuando lo que sentimos es miedo, rabia o frustración.

Y resulta que esa calma la proporciona la puesta en práctica de nuestros dones espirituales. ¿Por qué? No lo sé, pero era así, funcionaba, y mi experiencia me lo demostraba. Yo había sentido durante años ese miedo, rabia y frustración y mi vida acabó patas arriba. No obstante, a pesar de ese pequeño enfado conmigo mismo, estaba absolutamente entusiasmado, pero también, quizá debido a tanto deslumbramiento, algo cegado. **No me daba cuenta aún de que aquella primera etapa era engañosa y que estaba cometiendo algunos errores, aunque, eso sí, necesarios para poder aprender.**

Uno de ellos fue que, poco a poco, sin darme cuenta, iba introduciendo en la mayoría de mis conversaciones el resultado de mis experiencias y las historias con las que tomaba contacto; en otras palabras, me estaba convirtiendo en un predicador a jornada completa. Angélica fue una de mis primeras víctimas.

—¿Qué tal, amor? ¿Cómo te ha ido la meditación? —me preguntó un día Angélica en el salón, acurrucada entre mantas, al verme salir de una sesión.

—Maravilloso, estoy muy contento —le contesté apasionadamente—. Es algo milagroso, no te imaginas lo que se puede llegar a sentir.

—Cuánto me alegro, mi vida. De verdad que se notan los cambios en ti, estoy muy contenta, sigue así. —Sonreía, y entonces propuso—: ¿Te sientas a ver una peli conmigo?

—Deberías probarlo —le dije convencido.

—Vale, pero en otro momento, que ahora estoy la mar de a gusto.

Tendría que haberme bastado, estaba claro que quería seguir a lo suyo, a ser posible en mi compañía. Aun así, insistí.

—Es que es tan especial, casi no se puede explicar. Yo te enseño y lo hacemos juntos.

—De acuerdo, cariño, pero luego, ¿vale? De verdad.

—Prométemelo.

—Lo prometo. ¿Vemos esa peli?

Consentí, pero aquella obsesión permanente empezó a hacerse patente en todos los momentos de mi vida.

Otro día, desayunando con mi amigo Julián, me quedé pensativo después de zamparme mi habitual napolitana de chocolate aún caliente y le solté a bocajarro:

—Ayer estuve repartiendo alimentos con la Cruz Roja. En uno de los descansos, los voluntarios charlábamos sobre cosas que nos habían llamado la atención.

—Ajá…

—Una de ellas era que venían algunas familias que quizá no tuvieran para comer, pero sí para llevar buena ropa y, por supuesto, un móvil. En general, los novatos dudábamos de la pobreza que argumentaban para tener acceso a los alimentos. También hablábamos de que a los musulmanes les teníamos que preparar paquetes de comida distintos que no llevaran alimentos prohibidos por su religión.

—Comprendo.

—Pero una curtida voluntaria que llevaba toda la vida ejerciendo y en distintos países nos corrigió.

—Pues qué bien… —dijo queriendo zanjar el asunto.

—¿Sabes que nos dijo?

—Dime —añadió ya algo impaciente.

—Que sí eran pobres, lo que pasa es que en España la pobreza es muy digna. La gente no se da cuenta de lo afortunada que es. Hay sitios del mundo donde la gente te quita la comida de las manos sin preguntarse si es cerdo, cordero o rata, se mueren de hambre.

—Buff, qué duro… Oye, voy a pagar el café, que me tengo que ir a por el niño.

No se libraba nadie, como se suele decir, era inasequible al desaliento. Mi padre lo sabía bien.

—¿Qué tal, hijo? ¿Cómo están mis nietos?

—Bien, bien… Clau con su universidad y Andrés a punto de irse a Inglaterra. Pero te quería contar… —Ya estaba yo queriendo meter mi relato con calzador—. Como te dije, llevo un tiempo dando clases de castellano a refugiados.

—Sí, me acuerdo, ¿qué tal te va?

—A eso voy, a eso voy… He conocido a Amath, un chico senegalés de veintitrés años, y te tengo que contar su historia. No te imaginas cuántas cosas estoy aprendiendo.

Mi padre se acomodó en su silla y me dedicó toda su atención.

—Cuenta, cuenta.

—Está casado y tiene un hijo. Hace un par de años tuvo que abandonar su aldea después de que les robaran las pocas cabras que tenían para sobrevivir. Tardó meses en llegar a Mauritania y cruzarla como pudo, hasta que llegó a Marruecos. Allí estuvo trabajando durante un año aproximadamente como pescador para reunir el dinero suficiente que le permitiera pagar a las mafias una plaza en una patera para ir hasta Canarias.

—Criatura...

—Le pregunté qué era lo que más miedo le había dado de todo su periplo.

—¿Y qué te dijo? Me imagino que habrá visto cosas muy duras.

—Por lo que me ha contado, durísimas, pero lo que más miedo le dio, con diferencia, fue el oscuro mar por las noches en la patera.

—Hijo, escribe estas cosas y guárdalas para que no se te olviden.

Estaba tan imbuido de las verdades que estaba descubriendo que debía predicarlas a todas horas. Para quedarme tranquilo con mi manera de actuar, decidí consultar con un especialista en asuntos espirituales. Me acordé del padre Bartolomé, sacerdote de mi antiguo colegio, del que guardaba un recuerdo muy especial. Cuando eché cuentas del tiempo que hacía que no sabía de él, treinta y dos años, me quedé helado. Ni siquiera sabía si seguía vivo. Afortunadamente, lo estaba, y además no me costó localizarlo, fue cuestión de una llamada al colegio; seguía allí velando por las almas de los alumnos.

Dicen que no es buena idea volver a los sitios donde uno ha sido feliz, porque de lo que esperamos reencontrar queda poco o nada.

Para mí es una verdad a medias. Sí he sentido esa decepción las veces que he vuelto a determinados lugares, sobre todo de mi infancia; sin embargo, siempre acabo congratulándome por haberlo hecho. La impermanencia me ayuda a entenderlo todo un poco mejor y a aliviar mi apetito de lo concreto. Al final, todas las cosas, la buenas y las malas, acaban desvaneciéndose, solo quedan en nuestro recuerdo.

Sabiéndolo, me resulta más fácil mimar los buenos recuerdos, descartar los malos y atender más a mi presente, del que dentro de nada tan solo encontraré débiles huellas. Esas cosas sentí cuando volví a mi antiguo colegio tantos años después. Al ver cuánto habían cambiado los edificios, el personal que aún quedaba de mi época de estudiante y yo mismo, se me puso estorbosa la nostalgia, pero me alegré mucho de estar allí otra vez y poder charlar con algunos de mis antiguos profesores.

Bartolomé y yo nos dimos un abrazo. Estaba contento de volver a verle, no porque fuera cura, eso era lo de menos, nunca lo había tenido en cuenta a la hora de apreciarlo, sino porque siempre me había parecido una buena persona y lo recordaba con cariño, aunque en esa ocasión me venía de perlas que lo fuera. Hicimos una ronda de visita por los pasillos y las aulas para recordar viejos tiempos y luego nos sentamos a solas en su pequeño despacho.

Arranqué con fuerza mi narración, tanta que Bartolomé intuyó que iba a ser larga e intensa, así que se recostó en su sillón, cruzó los dedos de las manos y se dispuso a escuchar con atención. Empecé a ponerlo al día de mis turbulentas andaduras durante aquellos años desde que dejara el colegio para llegar al estado en el que me encontraba en ese momento. Le conté que llevaba dos o tres meses visitando enfermos, que por fin había comprendido y que era mi intención abandonarlo todo para dedicar mi vida a ayudar a los demás.

Intentaba hacerle ver, cerca del paroxismo, que había encontrado el camino, qué digo el camino, la respuesta a todo, la clave de la felicidad y la luz en la compasión. Añadí que entendía lo de ayudar al prójimo, que era evidente que el misterio nos rodeaba por todas partes y que tenía su particular forma de hablarnos, que me sentía imbuido de una fuerza interior que nunca antes había sentido, y por fin le pregunté si él sabía de lugares donde pudiese encauzarla hacia los demás.

Acabé mi discurso convencido de que a continuación el padre Bartolomé se levantaría con los brazos alzados al cielo exclamando: «¡Alabado sea el Señor!».

Sin embargo, eso no sucedió, y en realidad no tenía por qué pensarlo. Había estado escuchándome impertérrito, ni siquiera en los momentos más exaltados de mi relato había cambiado el semblante. Se limitó a escucharme pacientemente, igual que cuando me pillaba en una falta y le ponía excusas en mi época de estudiante, esperando a que yo mismo me diera cuenta de las lagunas que tenía la película que le estaba contando. Y, al igual que en aquellos tiempos, en los que al final tenía que intervenir para devolverme a la realidad, al terminar mi relato, me dijo con mucha calma:

—Veamos, Alonso… —arrancó cautelosamente—. Lo que te está pasando es bueno, y además me alegro mucho por ti. Después de todo lo que me has contado, tiene su mérito, lo llamaría incluso milagro, pero lo voy a dejar ahí. Si he entendido bien, estás poniendo orden en tu vida.

—Así es —asentí, convencido de que íbamos por buen camino.

—Y crees haber descubierto, basándote en las sensaciones que tienes, que en la ayuda a los demás vas a encontrar tu realización y que te quieres dedicar prácticamente por entero a ello, ¿correcto?

—Correcto —respondí ahora algo escamado; que quisiera que le confirmara los hechos me dio mala espina.

—¿Tienes trabajo ahora mismo?

Me pregunté hacia dónde quería ir con ese giro inesperado.

—Bueno, he dejado la televisión, pero hago eventos para empresas de vez en cuando.

—Y con tu familia…, ¿qué tal? ¿Con tu mujer van bien las cosas? ¿Hablas con tus padres?

—Con mi mujer, estupendo; con mis padres, estamos en ello, pero aún nos falta.

—¿Y tus hijos?

—Bien, bien… Con mi hija mejor, al menos. Con Andrés parece que va a llevar más tiempo, pero vamos acercándonos.

—Pues, Alonso, eso es lo primero, tu familia y tu entorno. Y en cuanto a ayudar y ser compasivo, aún tienes cosas que aprender. Resulta más fácil llevarlo a cabo sosegadamente. —Hizo una pausa para recabar datos en su memoria y, a continuación, añadió—: Por el tiempo que llevas con el voluntariado y por el tipo e intensidad de las sensaciones que me cuentas, yo diría que estás en la fase inicial de una experiencia impactante para ti que… puede llevarte a cierto grado de exaltación, ¿me comprendes?

—No estoy muy seguro de lo que me quieres decir —dije mintiendo.

—Pues, Alonso… —continuó esbozando una sonrisa que quería ser cómplice—, que estás flipando.

Me quedé mudo. ¿Qué pasaba con todo aquello de darse a los demás, con el amor incondicional, la entrega, la recompensa divina y la vuelta del hijo pródigo? ¿No se trataba de eso?

Me fui de allí frustrado, enfadado y decidido a demostrarle al padre Bartolomé y al mundo entero que estaban equivocados, que en la entrega total estaba la solución. Los siguientes meses fueron muy intensos en lo que a voluntariados se refiere, me apuntaba a todos los que podía, en detrimento de mis ingresos mensuales, que cuidaba poco. Me conformaba con lo justo. La austeridad y la renuncia estaban también dentro de mis propósitos, no me importaba tener menos a cambio del aumento de mi riqueza espiritual. Hice mío aquello que decía san Pablo en una epístola a Timoteo:

«Porque nada hemos traído a este mundo, y sin duda nada podremos sacar. Así que, teniendo sustento y abrigo, estemos contentos con esto» (1 Timoteo 6:7-10).

Con el paso de las semanas fui obsesionándome cada vez más. Mis labores no solo me quitaban horas del día, sino que además ocupaban todos mis pensamientos. Creía que todo iba viento en popa y durante un tiempo me sentí muy bien conmigo mismo, hasta que un día, hablando con Angélica, me dijo que estaba siendo muy generoso con los demás, pero muy poco con ella. Aquella frase encendió todas mis alarmas.

Conocía lo suficiente a mi mujer como para saber que, aunque en ese momento de nuestra vida su sueldo cubría la mayor parte de nuestras necesidades, no se refería a nada material o económico. ¿A qué se refería entonces? Sencillamente, a que había dejado de estar con ella.

Estoy siendo muy literal cuando os digo que me lo había tomado muy en serio, estaba en plan monje, solo me faltaba la túnica de color azafrán. Me levantaba entre las seis y las siete de la mañana para meditar y leer y luego me marchaba a este o aquel cometido como voluntario. Aunque alguno de ellos durase una hora o dos, cuando volvía, ella ya se había ido a trabajar. Nos veíamos en la comida, pero en cuanto acababa me subía a la buhardilla para continuar con mi propia búsqueda.

Durante las tardes, hiciera lo que hiciera, no coincidíamos, porque ella tenía que seguir trabajando, y por la noche más de lo mismo, cenaba perdido en mis pensamientos y luego me volvía a encerrar en mi refugio hasta que me iba a dormir.

Lamentablemente, no fue lo único que empezó a fallar. Mi puesta en práctica del pensamiento y de las acciones altruistas estaba causando estragos en mis ingresos. Cada vez eran menos cuantiosos y más irregulares y, de momento, Dios no parecía estar por la labor de proveer. El asunto económico se fue complicando y lo de la cuesta de enero se convirtió en una costumbre, llegábamos a fin de mes muy justos. No nos faltaba de nada, pero todo estaba cogido con pinzas.

Cualquier contratiempo en cualquier campo, por pequeño que fuera, podía hacer saltar nuestro presupuesto por los aires. Eso sí, nos comportamos. Nos queríamos lo suficiente y ninguno de los dos se quejó, ni siquiera ella, aun teniendo sobrados motivos —su nómina, la única, era la que nos salvaba—, pero la procesión iba por dentro. Me fui preocupando cada vez más y esa inquietud fue instalándose en todos mis quehaceres, dejé de estar al cien por cien en mis labores de voluntariado y, además, seguía ausente. Por fin nos sentamos tranquilamente a hablar de la situación. La solución pasaba por que buscara un trabajo estable, pero cuando quise ponerme manos a la obra me di cuenta de que no iba a ser tan sencillo.

Tras varias llamadas, entrevistas de trabajo y sondeos entre amigos de la profesión, fui consciente de que en ese momento no había nada a mi alcance. Fue un tiempo muy complicado, lo último que quería era verme otra vez cara a cara con la pobreza.

La experiencia es la mejor fuente de conocimiento. Hasta que uno no se pilla los dedos con la tapa del piano, no llega a entender lo doloroso que puede ser, y yo ya sabía lo terrorífico que era estar sin un duro.

Lo malo es que no podía hacer nada salvo esperar, algo a lo que no estaba acostumbrado, siempre lo había querido todo de inmediato. No me quedó más remedio que hacerlo. Alivié un poco mi agenda de voluntariados para pasar algo más de tiempo con Angélica y seguí buscando opciones, incluso fuera de mi trabajo habitual en los medios de comunicación.

Pasaron lentos los días hasta que llegó el verano. Necesitábamos unas vacaciones, pero ni rompiendo el cerdito ni revisando todos los rincones de la casa en busca de monedas huérfanas nos salían las cuentas. Aunque abatidos, intentamos llevarlo de la mejor manera posible, y ya casi nos habíamos resignado cuando me acordé otra vez de san Pablo. Según sus palabras, para estar contentos debía bastarnos con sustento y abrigo, era una buena ocasión para comprobarlo.

—Vámonos igualmente —le dije a Angélica repentinamente, como si hubiera tenido una visión.

—Pero ¿qué dices? Cariño, no podemos, no hurgues más en la herida y no te preocupes, no pasa nada, en casita también estamos bien.

—Escucha... Vámonos en plan aventura. Podemos dormir en el coche abatiendo los asientos. Solo necesitaríamos gasolina, comida, que para eso tenemos, y una playa apartada.

—¿Y los perrillos? No tenemos donde dejarlos.

—Nos los llevamos también.

Así lo hicimos y elegimos Portugal como destino.

Nuestro horario lo marcaba la luz solar. Dormíamos durante las horas de oscuridad, nos levantábamos con las primeras luces del día, comprábamos los víveres para la jornada y buscábamos una playa donde quedarnos hasta que volviera a anochecer. Así durante diez días en los que casi no pisamos la civilización y estuvimos al aire libre. Desear cualquier cosa no procedía, no teníamos presupuesto para comer en chiringuitos, alquilar una moto de agua, ir de compras o salir a tomar unas copas.

¿Insoportable? ¿Aburrido? ¿Cutre? Yo mismo lo habría pensado si me lo contaran, pero las cosas me parecieron distintas. Encontramos playas apartadas y, aunque habíamos preparado el coche para dormir cómodamente, muchas noches las pasamos sobre sus arenas bajo un manto de estrellas.

No nos perdimos ni un solo amanecer
ni un solo atardecer de aquellos días.
Los contemplamos todos paseando
por la orilla del mar o bañándonos en sus aguas.

Nos convertimos en buscadores de playas solitarias de arenas blancas en las que solo paseábamos, charlábamos, nos amábamos y devorábamos higos y tajadas de sandía fresca que Angélica había comprado en el mercado. **Aquel viaje se convirtió, sin quererlo, en uno de los más bonitos e interesantes de toda mi vida; fue una de las pocas veces en las que estuve convencido de no necesitar nada más de lo que tenía.** Eso liberó temporalmente mi mente de distracciones, anhelos, preocupaciones y miedos, y pude pensar en todo lo que me había estado sucediendo esos meses.

—¿Has visto qué bonito está el cielo estrellado? —me dijo mi voz.

—Ya lo creo, hay tantas estrellas como errores estoy cometiendo.

—No te mortifiques…, solo estás cometiendo un par, pero son comprensibles, son viejos hábitos, por eso no los identificas.

Permanecí un momento en silencio intentando adivinarlos.

—Échame un cable —le rogué por fin.

—El problema no está en las cosas que estás haciendo, sino en cómo las haces.

—¿Qué quieres decir?

—Verás, estás viviendo experiencias nuevas para ti, sanadoras, aleccionadoras y útiles para tu desarrollo espiritual, pero quieres de ellas lo mismo que has querido siempre de todo.

—¿Qué?

—Que sean como tú quieres que sean, y si no lo son, reaccionas con angustia, decepción y rabia. Solo tienes que seguir haciendo lo mismo que hasta ahora, vas por buen camino, pero sin pretensiones, con humildad, sin darte tanta importancia. No le des la paliza a Angélica, no todo el mundo quiere ni necesita aprender a meditar. Y no se te ocurra alejarte de ella, que ahí sí que te mato. Lo que más lamentas de tu vida anterior son esos miles de momentos en los que germinan el amor y el vínculo que dejaste escapar con la gente que querías.

Y tenía razón.

Mientras lloras por los pasados,
se te escapan los presentes.

Me perdía remolonear con mi mujer en la cama al despertar, abrazarla al marcharse, sestear a su vera en el sofá o demostrarle mi amor con una mirada cercana. Yo no podía olvidar que **descuidar a los demás siempre me había conducido a la soledad.** El padre Bartolomé también estaba en lo cierto: tenía aún mucho que aprender sobre la bondad.

—Ve a hospitales —continuó la voz—, a repartir comida, a dar clases a inmigrantes, pero **si levitas demasiado, te la puedes pegar.** También se puede cambiar el mundo siendo bondadoso y compasivo con los tuyos; con tu vecino, al que ni siquiera conoces; con tu enemigo. En realidad, puedes serlo cada segundo de tu vida con tan solo vigilar tus pensamientos. En cuanto a contar tus vivencias personales o dar consejos, aprende que para que calen en los demás tienen que ser oportunos. Si no, el mensaje se pervertirá, se hará cargante para tus amigos y se volverá peligroso para ti mismo.

»Hasta con la bondad se puede ser vanidoso, también se puede presumir de ello para conseguir el aplauso y la admiración. Caemos en esa falta por la continua necesidad que tenemos de marcar diferencias con el resto. La verdad es que esa diferencia no la marca precisamente el hablar, hablamos demasiado, sino el saber escuchar. Alonso, no lo estás haciendo mal, ahora estamos juntos, sigue, yo te ayudo.

—¿Sabes una cosa? Te lo compro todo. Solo me queda una duda con respecto a contar historias. No ser oportuno no les quita valor, y tampoco se sabe nunca qué efecto tendrán ni cuándo. Muchas veces parece que no oímos, pero hay cosas que anidan en nosotros sin que nos demos cuenta y que asoman cuando más las necesitamos.

»Mi padre escribe últimamente muchos poemas y canciones que hablan de un hombre solitario en la orilla del mar. Lo llama Juan Solo y se dedica a contar olas y a hacer inventario de las cosas que el mar arrastra hasta la costa. Cuando empecé a leerlos me acordé de una historia que me contaba muchas veces cuando era pequeño y a la que nunca le hice mucho caso. Hablaba de las horas que pasaba a solas acurrucado a orillas del mar tratando de entender por qué su padre le había pegado. Había olvidado aquella historia hasta que volvió a aparecer agitada por un poema para que pudiera entender, conocer y querer más a mi padre. **No sé, quizá sea mejor, aun a riesgo de equivocarse, no dejarse historias por el camino y, aunque sea, dejarlas escritas.**

9

El primer viaje y el perdón

Por el triunfo de tu muerte

Eran las siete de la mañana y, aunque el bar estaba prácticamente vacío, ya olía a desayunos en marcha. Cristina, el alma del Patio de Cabanillas, llevaba un rato en la cocina con las manos en la masa. Detrás de la barra, Miguel, su marido, me dio los buenos días mientras sacaba brillo a unos vasos. Le pedí un zumo de naranja, un café solo y una napolitana de chocolate y me acomodé en una mesa. A los pocos minutos entró otro parroquiano que clavó sus ojos en mi apetitoso bollo aún sin estrenar.

En ese momento me sentí como Gollum en *El Señor de los Anillos.* Miguel, adivinando sus deseos —es un veterano—, se adelantó y le dijo antes de que pidiera que mi napolitana era la última. Me sobrepuse a duras penas a mi avaricia y le ofrecí la mitad. En el pueblo nos conocemos casi todos y nunca se sabe, pero, gracias a Dios, la rechazó cortésmente. Mientras Miguel le servía su pedido —tuvo que conformarse con unos churros—, empezó a contarnos lo difícil que es acertar con lo que va a consumir la clientela.

Había días que ponía dos napolitanas y las vendía en diez minutos, pero al día siguiente ponía tres y no las quería nadie. Le pasaba lo mismo con los churros, las porras, la tortilla de patatas y el resto del género. Por eso ya no se calentaba la cabeza y ponía un poco de todo para que las pérdidas, si la cosa no se daba bien, no se convirtieran en un problema. Estaba dando cuenta de mi desayuno y disfrutando de una buena charla intrascendente de cafetería cuando mi móvil vibró repentinamente en mi bolsillo.

No esperaba ninguna llamada a esas horas, solo podía ser que Claudia, a la que acababa de dejar en la estación de tren, se hubiese olvidado de algo. Me dispuse a contestar sospechando que iba a tener que salir corriendo, pero vi con sorpresa, brillando en la pantalla del teléfono, el nombre de Reme, la madre de Esteban.

Había hablado con ella la noche anterior para saber si podía ir a verlo a la Fundación del Lesionado Medular. Me dijo que sí, pero que tenía que ir al hospital porque lo habían ingresado esa misma tarde por una infección de orina.

Aunque no era grave, estaba preocupada porque veía a Esteban muy decaído. Al final quedamos en que iría esa mañana a visitarlo e intentar animarlo un poco. Supuse que me llamaba para cambiar la hora o decirme que le daban el alta y que nos veíamos en la fundación.

—Hola, Reme… ¿Reme?

—¿Miguel Ángel?… ¿Miguel Ángel? —se oyó su voz agitada.

—No, soy Alonso. ¿Va todo bien?

—¡Ay, Alonso! Esteban ha fallecido.

—Pero… ¿qué dices? —exclamé mientras me levantaba y salía del bar.

Aún era de noche, por las calles solo transitaba una espesa niebla débilmente iluminada por las luces ahogadas de las farolas. Todo adquirió para mí un aspecto fantasmagórico.

—¿Qué ha pasado?

—Hace un rato he ido a despertarlo, pero no me contestaba —prosiguió Reme atropellada—. He pensado que estaba muy frío y he llamado a las enfermeras. Han salido enseguida y me han dicho que se me había muerto.

—Pero… ¿no estaba fuera de peligro?

—Pues se me ha ido, mi hijo… Se me ha ido durmiendo, se me ha ido sin decirme adiós. ¿Qué voy a hacer yo ahora sin él?

Se me partió el alma. Sabía que quería a Esteban, pero no era consciente de cuánto. Su cariño, sus ganas de vivir, su sonrisa de niño pequeño, la ternura de su mirada y los ratos que pasamos juntos fueron calando en mi corazón sin darme cuenta y sembrándolo de lecciones de vida. No era el único, otros habían dejado la misma huella en mí y también se habían marchado. Cuando elegí tratar con la enfermedad en mis voluntariados, no imaginé lo doloroso que podía llegar a ser, no conté con la profundidad de las relaciones que iba a establecer con las personas que iba a conocer, no conté con que iba a quererlas ni tampoco con lo que sentiría al perderlas.

No obstante, merecían la pena tantas despedidas. **Durante toda mi vida había pensado que con el tema de la enfermedad y la muerte lo mejor era mirar a otro lado, no pensar en ellas, desterrarlas de la mente.** Creía que pensar en ellas solo provocaba angustia, desesperación y tristeza, e incluso que era una forma de invocarlas. **Resultó ser todo lo contrario, descubrí que tenerlas presentes disminuía mi temor, aunque solo fuera un poco, y me enseñaba a apreciar lo valiosa que es la vida.** Todas las personas enfermas que conocía luchaban denodadamente por vivir, las que sabían que iban a morir hubiesen dado cualquier cosa por un minuto más, y ninguna de ellas lo hubiese llenado de otra cosa que no fueran actos de amor.

Pero siempre nos pasa lo mismo, no nos damos cuenta de lo que tenemos hasta que lo perdemos. Quizá sea por una cuestión de supervivencia, quizá no seríamos capaces de soportar cuanto amamos en cada momento sabiendo que las despedidas son inevitables. La cuestión es que ese descuido, con o sin razón de ser, es lo que hizo que me quedara preguntándome si podría haber hecho algo más por Esteban, si le había dedicado todo el tiempo que pude, si me había asegurado de que supiera lo importante que era para mí y lo mucho que le quería.

Deseé que fuera así de corazón, y luego, allí, solo en la puerta del bar de Miguel, mientras el amanecer disipaba la niebla, me dio por pensar en mis hijos. La historia de Esteban fue una lección de lucha y de entrega, y también un recordatorio de que el destino nos lo puede arrebatar todo en un solo instante, una y otra vez. **Yo, como Esteban, también quería vivir y disfrutar mi nueva vida, pero nunca podría si no me reconciliaba con mis dos hijos.** No tenía tiempo que perder, los hechos me demostraban que mañana puede ser demasiado tarde para según qué cosas y, si lo conseguía, habría contribuido además a honrar la muerte de mi amigo haciendo verdad una plegaria budista dedicada a los que se van:

«[...] y por el triunfo de tu muerte,
para que pueda serle útil a todos los seres,
*tanto los vivos, como los muertos.»**

Recuperar a mis hijos

No me resultaba fácil sentarme con mis hijos para hablar de las cosas que nos habían pasado. Podía explicarles quién había sido y quién me gustaría ser, pero no quién era en ese momento, porque no lo sabía bien. Lo intenté varias veces, pero mi discurso mental, en el que todo resultaba comprensible, se desmoronaba ante sus caras de desconcierto en cuanto intentaba verbalizarlo. Si quería avanzar, tenía que ser creativo.

Lo que necesitaba era tiempo para estar con ellos y que las conversaciones surgieran espontáneamente, no como en una de esas terapias familiares en las que solo habla el que tiene el cojín. Tengo que ponerme una medalla por la idea que se me ocurrió. El experimento de Portugal había sido todo un éxito. ¿Por qué no repetir con mis hijos? Qué me-

* Las palabras pertenecen a una plegaria tibetana que también aprendí en *El libro tibetano de la vida y de la muerte.*

jor manera de compartir tiempo sin que nadie nos molestara que con un largo viaje por carretera.

En aquel momento no era posible hacerlo con los dos. Claudia llevaba poco tiempo viviendo con Angélica y conmigo. Haría un año que habíamos decidido que se trasladara desde Málaga para que estudiara el bachillerato en Madrid, pero Andrés seguía allí, estaba en pleno curso y mi relación con él era más complicada. Tenía que ir por partes, así que hablé con Claudia para hacer un primer viaje. El segundo, si todo salía bien, lo haríamos los tres juntos. Le propuse la idea y le encantó desde el principio.

—¿Y adónde vamos?

—¿Qué te parece ir hasta Auschwitz?

—¿Auschwitz? Pero si está lejísimos.

—Ya, pero merece la pena, creo que es un sitio que hay que ver.

Disponíamos de algo más de una semana. Nuestra consigna fue no tener prisa en el viaje de ida, para ir parando donde nos apeteciese, y dejarnos los dos últimos días para volver desde Polonia solo deteniéndonos para descansar. Al igual que en el viaje a Portugal, la idea era dormir en el coche durante los trayectos para estirar nuestro ajustado presupuesto. Preparamos a conciencia y con mucha ilusión la que durante unos cuantos días iba a ser nuestra casa móvil.

Tumbamos los asientos traseros para convertir el coche en furgoneta y cubrimos todo el espacio con los mullidos cojines de las tumbonas del jardín. Solo teníamos que traspasar nuestro equipaje a los asientos delanteros por las noches para disponer de una cama cómoda y espaciosa. Compramos linternas, pilas, un par de navajas suizas, sacos de dormir, comida no perecedera ya cocinada y abundante picoteo para los trayectos en carretera. Al día siguiente temprano nos levantamos con todo ya preparado, llenamos el depósito, programamos el navegador y nos echamos a la carretera.

La primavera acababa de empezar y hacía buen tiempo. El sol brillaba por doquier ofreciendo una imagen nítida de los paisajes que se iban sucediendo. Con cada kilómetro que recorríamos, me sentía más contento, más liberado y más estimulado con los propósitos del viaje. Claudia también estaba feliz e ilusionada. Me hablaba de su instituto, de sus amigos, de —con la debida cautela— sus amores y de sus sueños; dentro de nada empezaría la universidad y ya estaba dándole vueltas a lo que quería estudiar.

Mientras la veía y la escuchaba, no dejaba de tener esa sensación de nostalgia mezclada con orgullo que sentimos todos los padres en un momento dado con nuestros hijos.

De repente, un buen día los miras
y te das cuenta de que el niño que eran
está en retirada, de que se están haciendo mayores
y ya empiezan a batir sus alas.

Por un lado, estás deseando verlos volar y, por el otro, seguir arrullándolos en tu regazo. Empezaba a anochecer cuando llegamos a Toulouse. Decidimos parar a dormir lo antes posible para seguir viaje en cuanto se hiciera de día.

Encontramos una estación de servicio con amplios aparcamientos ajardinados y nos instalamos en uno de sus rincones. Nos acomodamos y luego nos sentamos en la parte trasera del coche con el maletero abierto para degustar nuestro menú especial de viajeros.

—¿Por qué Auschwitz, papá? —me preguntó antes de darle un mordisco a su bocadillo.

Me detuve antes de contestar, tenía muchas razones y quería ordenarlas en mi cabeza.

—En primer lugar, porque está lejos y quería pasar tiempo contigo fuera de la rutina diaria. En segundo lugar, porque estoy en un proceso de cambio y estoy investigando sobre la vida, y en tercer lugar…, porque me apetecía una buena excursión, estaba necesitando algo de aire.

Se quedó pensativa unos instantes. Algo parecía no encajarle:

—Pero si quieres saber sobre la vida, ¿por qué vamos a un sitio en el que murió tanta gente?

—Siempre le he tenido un miedo atroz a la muerte y sospecho que algo ha tenido que ver en todo lo que me ha pasado en la vida. Pensar en ella me producía angustia y evitaba mirarla, pero estoy descubriendo que para aprender a vivir hay que tratar con ella. Déjame que te lea una cosa. La tengo aquí en el móvil, es un trozo de un libro que me leí hace poco (*La esperanza es la última en morir,* Halina Birenbaum):

> En cierto momento, vimos que los nazis pusieron en medio de la plaza, enfrente de nosotros, una ametralladora que apuntaba a un enorme grupo de gente que estaba apretujada y que recibió aquello con un murmullo de terror. Pero, aunque todos eran conscientes de lo que iba a pasar, nadie se atrevió a gritar o a romper en un fuerte llanto [...]. **Nos abrazamos madre, padre, Chilek y yo; nos miramos como se mira por última vez..., para llevarnos con nosotros la imagen de los rostros amados antes de que viniera la completa oscuridad. Todo lo demás, todo aquello por lo que habíamos vivido y por lo que habíamos luchado hasta entonces, dejó de tener importancia.**
>
> Padre estaba semiinconsciente, madre —como siempre—, tranquila. Incluso me sonreía.

—No tengas miedo —me susurró al oído—, todo el mundo tiene que morir, se muere solo una vez... y nosotros moriremos todos juntos, no tengas miedo, no será tan terrible...

No, no tenía miedo. Sencillamente, no me lo creía.

No entendía qué significaba morir. No podía imaginarme el momento en el que ya no estaríamos en este mundo, que dejaríamos de vivir. No lo llegaba a comprender.

Estaba esperando qué iba a pasar, con esperanza, con fe en la vida y... con curiosidad. Un estado muy extraño, como festivo, se apoderó de mí; aquel momento me pareció ser sumamente sublime y muy importante, pero no porque tenía que preceder a la muerte...

—Lo escribió una superviviente del Holocausto. ¿Te lo imaginas?

—No lo entiendo. ¿Cómo podían hacer eso?

—Desde luego que fue una locura, algo terrible, pero lo que me llama la atención es que el cariño, el amor, incluso la esperanza están presentes en esos horribles momentos. Fíjate que dice que todo por lo que habían vivido y luchado, excepto mirar por última vez a los seres amados, dejó de tener sentido ante la muerte. Eso tiene que significar algo.

A la mañana siguiente decidimos nuestro próximo destino, Verdún. Puestos a indagar sobre la vida y la muerte, nos pareció buena idea visitar los escenarios de algunas guerras. Llegamos después de comer y, aunque estábamos cansados, no pudimos resistirnos a alquilar unas bicicletas para echar un vistazo a los alrededores.

Al principio todo iba bien, pero no tardamos en perdernos entre tanto bosque, trinchera y zona de combate. Durante un buen rato estuvimos dando vueltas de aquí para allá y volviendo una y otra vez a los mismos puntos de los que partíamos. Para colmo, empezó a llover y empezaba a oscurecer. Cuando por fin llegamos al hotel, estábamos calados hasta los huesos y llenos de barro; parecíamos unos de esos combatientes que se ven en las antiguas fotografías de la Primera Guerra Mundial. Pero aquella excursión fue, sin lugar a duda, una de las mejores vivencias de aquel viaje.

Todo lo que nos fue pasando me pareció una maravillosa aventura, y cuanto peor se ponían las cosas, mejor nos lo pasábamos. Acabamos aquel día con una manta sobre las rodillas y un chocolate caliente en el cuenco de las manos mientras repasábamos entre risas todo lo que nos había pasado.

Meditando en las trincheras

El día siguiente lo dedicamos a pasear por las calles de Verdún y a visitar tranquilamente el fuerte y el osario de Douaumont, que nos dejaron tristes y pensativos. Solo en el osario y su cementerio están enterrados unos ciento cincuenta mil combatientes y se supone que en los bosques de Verdún hay unos noventa mil más que nunca se recuperaron.

Cuando buscamos en Google los motivos de aquella guerra, aparecía una elaborada lista de razones: la paz armada, el imperialismo europeo, el desarrollo de la industria bélica, los nacionalismos. Pero allí, sentados en el césped del cementerio entre miles de hileras de cruces blancas, se nos hacía mucho más complicado entender por qué lucharon y murieron tantas personas. Eran demasiadas para pensar que todas ellas estaban convencidas de que aquello tenía sentido. A la mayoría les pasaría lo que a Piotr Niewiadomski, el protagonista de *La sal de la tierra,* de Józef Wittlin.

Piotr era un habitante de una aldea lejana en los Cárpatos que solo aspiraba a tener una novia, ser empleado del ferrocarril y vivir con sencillez. Pero sus humildes sueños se vieron truncados cuando fue reclutado al estallar la Primera Guerra Mundial para luchar en una guerra que no comprendía. Al igual que él, pensamos: ¿cuántas personas se vieron y se ven entregadas al desconcierto y a la muerte por las aspiraciones y ambiciones de unos cuantos chalados que pretenden ser los dueños del mundo?

Amigo mío, no serías capaz de decir con tanto fervor
a los niños sedientos de desesperada gloria
esa vieja mentira: Dulce et decorum
est pro patria mori *[Dulce y decoroso*
es morir por la patria].
WILFRED OWEN, *Dulce et decorum est*

Al irnos de Verdún, paramos en un búnker que a duras penas asomaba entre la maleza y nos sentamos encima de él para meditar. **Donde hubo devastación, explosiones, locura, miedo y muerte, había ahora un bosque reforestado testigo mudo de aquellos horrores y, a su alrededor, todo un mundo condenado por el olvido a repetir una y otra vez los mismos errores.** Pero no solo nos ocurre con lo que se refiere a matarnos unos a otros. En general, no solemos hacer caso ni de las advertencias de los que nos precedieron, por muy sabios que sean sus consejos, ni de las consecuencias de nuestros actos.

En mi caso no escuché a nadie que me indicara atajos, que me aconsejara o que me rogara que no tomara determinados caminos. Me empeñé durante años en escuchar a aquel Alonso desbocado y una a una se fueron cumpliendo todas las cosas que me dijeron que iban a pasar, entre ellas, que me alejaría de mis hijos.

Tengo que pedirte perdón

Las largas distancias, el tiempo que pasábamos juntos en la carretera, las canciones que cantamos a pleno pulmón en el coche, los lugares que estábamos conociendo nos sirvieron para conectarnos entre nosotros y desconectarnos del mundo. Disfrutábamos mucho de cada momento. Durante los tres días que estuvimos en Oświęcim, localidad en cuyas afueras se encuentra Auschwitz, nos dio tiempo para caernos jugando sobre unas ortigas, descubrir la guarida de un búho majestuoso en un establo abandonado, desayunar un extraño caldo de verduras típico de la zona solo apto para estómagos a prueba de obuses y muchas cosas más.

Por las noches, después de cenar, leíamos los libros que nos habíamos comprado escritos por algunos supervivientes del Holocausto y hablábamos de nuestras sensaciones durante nuestras visitas al campo de concentración.

Dentro de aquel lugar había muchos sitios donde detenerse a pensar, rezar o llorar, y en todos ellos se te ponían los pelos de punta. En este incineraban, en aquel gaseaban, en el de más allá usaban a niños como cobayas, y así con todos los rincones del campo.

—Dios mío, papá, eran unos asesinos, unos locos, unos demonios.

—No hay calificativos…, lo eran, pero también eran otra cosa.

—¿Qué?

—¿Qué dijo Neil Armstrong cuando pisó la Luna?

—«Un pequeño paso para el hombre, un gran paso para la humanidad.»

—Cuando se trata de un gran logro, lo hicimos todos; cuando se trata de la barbarie, siempre lo hicieron estos o aquellos. La humanidad fue también la que hizo esto. No es cuestión de ellos o nosotros, de todo somos capaces.

Como teníamos dos días para volver, tiempo de sobra, decidimos atravesar Francia por carreteras nacionales. Se disfruta mucho más del paisaje, es más fácil parar en pueblos o aldeas, visitar viejas ruinas o comprar hortalizas y frutas en puestos de carretera. Pero, sobre todo, se va mucho más lento, y yo no tenía ganas de volver, no lo hubiera hecho nunca.

Habría aceptado encantado que aquel viaje se convirtiera en el de la marmota y que se repitiera en bucle sin cesar, si no fuera porque me faltaba mi otro hijo, Andrés. Pero su ausencia también hizo que estuviera más presente en mi corazón y que me prometiera a mí mismo, costara lo que costara, reconciliarme con él y así poder estar los tres juntos. Era sin duda lo que más ansiaba en este mundo.

—Papá..., papá... —me dijo Claudia mientras me daba toquecitos en el hombro—, despierta..., papá..., me aburro.

Le había pedido a Claudia que condujera un rato para echar una cabezadita.

—Venga, despierta..., que te voy a proponer un juego.

Me recompuse gruñendo en el asiento, me froté los ojos y miré alrededor para volver a tomar conciencia de este mundo.

—¿Por dónde vamos?

—Ni idea, pero mira qué carretera más bonita.

Sin duda lo era, se perdía en un punto del horizonte flanqueada por frondosos árboles tras los cuales se adivinaban campos de cultivo.

—Soy incapaz de jugar a nada si no me tomo un cafecito. Si ves un sitio, para.

Unos cuantos kilómetros más adelante encontramos un pequeño bar. No era más que una barra con cuatro paredes de las que colgaban ajos, cebollas y algún que otro embutido, pero nos llevamos una grata sorpresa cuando salimos a la terraza de la parte de atrás. En una explanada había distribuidas cuatro mesas de metal pintadas de diversos colores a juego con sus sillas, en cuyos centros lucían ramilletes de flores silvestres en jarroncitos de cerámica, y como paisaje se extendían, hasta que cortaban su camino las montañas, amplios maizales mecidos por la brisa.

—¿De qué iba el juego?

—Tenemos que ir diciéndonos alternativamente cosas que vimos o sentimos por primera vez. Empiezo yo… El primer recuerdo que tengo de mi vida es de Rita, la perrita que tuvimos. Me acuerdo perfectamente de verla salir por la puerta de la autocaravana en la que íbamos.

—Mi primer recuerdo es en el mar —proseguí entusiasmado. Me gustaba el entretenimiento que se le había ocurrido a Claudia—. Estaba jugando en la orilla y me arrastró una ola.

—¿Ese es el primer recuerdo de tu vida? ¡Vaya manera de empezar! —Cuando terminamos de reírnos, continuó—: El primer llanto que recuerdo fue cuando mamá me llevó a la guardería por primera vez.

—Ostras, pues, ahora que lo dices, yo también, el día que me llevó tu abuela me harté de llorar. —Volvimos a reírnos—. Mi primer árbol fue un almendro en flor. Es curioso, estaría rodeado de todo, pero lo recuerdo solitario, lleno de flores blancas…, pero… —tuve que saltarme el turno porque acudió a mi mente un recuerdo inmejorable— ¿sabes cuál es uno de mis preferidos?

—¿Cuál?

—La primera vez que actuaste en el festival de fin de curso. Ibas vestida de policía y nada más verte me puse a llorar, ya sabes como soy, como una Magdalena. Mamá se reía de mí, pero estaba orgullosa, en el fondo le encantaba verme así contigo.

Hubo un breve silencio y, cuando nos miramos, los dos teníamos la misma cara de felicidad y los ojos llenos de la misma nostalgia.

—Tengo que pedirte perdón… —Claudia guardó silencio—. No he sido un buen padre. Y no lo digo por mis adicciones, eso ahora no importa, sino porque siempre he sido una persona que ha pensado más en sí misma que en los demás. Era un idiota, me creía el centro del mundo y que todo giraba a mi alrededor. No me porté bien con tu madre, ni tampoco con la de Andrés, ni con mi familia, ni contigo. El sitio en el que más me detuve en Auschwitz fue en la parada del tren. ¿Sabes por qué? Justo allí bajaban a los prisioneros de los vagones y separaban a las familias, separaban a los hijos de sus padres para entregarlos a las fauces de la muerte. Contigo al lado no me costaba imaginar el terrible sufrimiento de aquellos padres, sin embargo, yo me alejé de tu lado sin que nadie me obligara. Esas cosas me cuesta perdonármelas. Pero algo ha cambiado… y quería pedirte… eso, solo eso, que me perdonaras.

—¿Qué ha cambiado?

—El descubrir en los voluntariados la importancia de la vida, del perdón, de la compasión, del amor.

—Ibas y venías, me abrazabas y luego te escondías, has sido un desastre y, desde luego, he pasado momentos complicados, te he necesitado muchas veces. Pero también es verdad que no te separaste ni un solo minuto de mi lado cuando tuve la varicela; cuando vivimos juntos más adelante, me despertabas todos los días disfrazado de insecto y, cuando dejé el instituto, me llevaste a vivir contigo otra vez y me hiciste volver a estudiar. No lo has hecho tan mal... Y de una cosa estoy segura, por si te sirve..., sé que me quieres mucho..., y yo a ti también. No tengo nada que perdonarte, solo quiero que estemos bien. Y una cosa más... Tienes que hablar con Andrés.

10

Por fin juntos

Había pasado un año desde el viaje a Auschwitz durante el cual mi pequeño universo siguió poco a poco armonizándose. Cada vez me sentía más sereno ante las cosas que tenía que abordar y estaba aprendiendo mucho sobre el efecto paralizante que el miedo tenía en mi vida. Mi relación con Andrés no era mala en ese momento, pero seguíamos muy lejos el uno del otro. Desde luego, él no tenía culpa ninguna, solo tenía quince años. Sin embargo, yo aún no sabía cómo lidiar con los temores que me impedían acercarme a él. Puse de nuevo sobre la mesa la idea del viaje por carretera.

La experiencia con Claudia había sido un éxito y pensé que también podría funcionar con Andrés. Claudia jugó un papel muy importante en las negociaciones para el viaje. Fue una intermediaria voluntariosa, paciente, madura e inteligente que demostró que quería a su hermano y que, al igual que yo, también anhelaba estar cerca de él. A base de cariño y de contarle anécdotas del viaje a Polonia, consiguió poco a poco despertar su interés, hasta que por fin decidió aceptar la propuesta de lanzarnos los tres a una nueva aventura. No me lo podía creer, por fin iba a tener a Claudia y Andrés juntos.

El Renault *to flama*

El procedimiento sería el mismo, carretera y manta. Recogeríamos a Andrés en Marbella, viajaríamos a Portugal —donde pasaríamos unos cuantos días— y luego, después de hacer una parada en Guadalajara, nos dirigiríamos a Francia. Nuestro destino final era Normandía. Lo primero que hicimos cuando estuvimos los tres juntos fue reunirnos alrededor del coche para ensalzarlo debidamente.

Contando el que estábamos a punto de emprender, aquel sería el tercer viaje que hacía nuestro Renault Megane familiar. Las dos veces anteriores había demostrado ser un vehículo fiable, sólido y, aunque algo estrecho, acogedor. Nos pareció que era el momento de darle el espaldarazo. Adquirimos en un bazar chino una pegatina que simulaba unas llamas y la pegamos en la parte trasera del coche, que quedó desde ese momento bautizado como el Renault *to flama.* Fue una buena manera de empezar.

El nombre se le ocurrió a Andrés, y las risas que nos echamos durante el ritual me ayudaron a disimular alguna que otra lagrimilla provocada por la emoción de verlos juntos.

De camino a Lagoa, en Portugal, destino elegido por Claudia, empeñada en ver la famosa cueva de Benagil, tuvimos un pequeño percance. Nos estábamos tomando un café en una estación de servicio apoyados en un lateral del coche con las puertas abiertas. Claudia cerró una de ellas sin avisar y sin advertir que el pulgar de Andrés estaba de por medio. El alarido fue potente, agudo y lo suficientemente sorpresivo como para que se me derramara el café en la camiseta. En cuanto pudo liberarse, empezó a caminar de un lado a otro echando maldiciones mientras agitaba los dedos de la mano afectada como si quisiera sacudirse el dolor.

Durante un momento me temí lo peor, pero afortunadamente solo se pilló la punta de la uña y, aunque tuvo el dedo un par de días dolorido, pudimos seguir adelante. Durante esas cuarenta y ocho horas, los viajes por carretera se hicieron mucho más amenos. Andrés no paró de chinchar a Claudia por su torpeza y ella no se dejó ni un solo reproche sin contestar aludiendo a alguna metedura de pata suya, fuera de esta vida o de alguna anterior. Ambos exprimieron su ingenio, y con sus risas les sacaron brillo a algunos de los recuerdos que yo miraba con tristeza, recuerdos felices que, sin embargo, consideraba dolorosos, porque me hacían tomar conciencia de todos los que me había perdido por no haber estado a su lado.

No era la única sorpresa que nos deparaba Portugal. Ya en nuestro destino, y después de haber hecho noche en un hotel, fuimos por fin a la playa de Benagil. La cueva, moldeada en la roca por las olas, estaba a unos ciento cincuenta metros de la orilla; solo se podía acceder a ella acercándose en una embarcación, flotando en un colchón o, como era nuestro caso, a nado.

Andrés no se animó y prefirió esperar tranquilamente en la playa a que volviéramos, así que Claudia y yo nos lanzamos decididos al mar. Estaba revuelto y algo nos costó, pero teníamos la corriente a nuestro favor y pudimos hacer el trayecto de ida con relativa facilidad. No nos defraudó la espectacularidad de la cueva; era como una pequeña cala cubierta por una cúpula con una abertura natural al cielo a través de la cual se colaban los rayos del sol. Pero no pudimos disfrutarlo mucho tiempo.

A los pocos minutos de estar allí, un frío atroz me invadió el cuerpo y se me empezaron a entumecer las extremidades. Mi entusiasmo me había llevado a ignorar la baja temperatura del agua y mi organismo empezaba a resentirse. Solo cabía una solución, volver lo antes posible por donde habíamos venido antes de que me quedara petrificado, pero la vuelta resultó complicarse más de la cuenta.

Además del agua fría, ahora teníamos la corriente en contra, lo que nos dificultaba el avance; por cada tres metros que recorríamos retrocedíamos dos. Claudia aguantaba, pero yo empecé a pasarlo francamente mal, se me hizo un mundo seguir adelante y en varias ocasiones estuve a punto de pedir socorro. Llegué aterido de frío, con los labios amoratados, y me costaba respirar.

No nos encontramos a Andrés preocupado: al contrario, se había quedado dormido bocabajo en la playa. Lo despertamos y mientras nos secábamos y abrigábamos le contamos lo sucedido. Empezó a escucharnos con cara de preocupación y sorpresa hasta que, viendo que íbamos entrando en calor, empezó a reírse de nosotros. Pero enseguida tuvimos también motivos para reírnos de él. Al irse a poner la camiseta se dio cuenta de que la espalda se le había achicharrado con el sol, parecía un turista finlandés.

Ya de madrugada y a solas, me sorprendí feliz mientras rellenaba mi cuaderno de bitácora mental con todo lo que nos estaba sucediendo.

Me había pasado la vida culpando
a los errores de mi pasado de mis ausencias
del presente y pensando en futuros que nunca se
cumplieron. Pero cada vez entendía mejor que el
ayer y el mañana eran los que me robaban el hoy.

No quería que me sucediera más, y ahora tenía mejores herramientas para evitarlo. Llevaba meses aprendiendo a disciplinar mi mente, conversando con la muerte para aprender a apreciar cada minuto de mi vida, y aquella oportunidad para estar con ellos merecía que aplicara todo lo que había aprendido. **Por eso, desterré a mi pasado y a mi futuro de aquel viaje, y aquella noche, a pesar de sus protestas, los acosté entre bromas como si fueran niños pequeños.** Los arropé, les di un beso en la frente y les dije lo mucho que los quería antes de apagarles la luz de la habitación. Luego, desde la mía, estuve un rato escuchando el rumor de su conversación y me dormí prometiéndome no dejar escapar ni un solo instante de los días que teníamos por delante.

La playa de Omaha

—Pero, papá..., ¿cuántas latas de atún has cogido? —me preguntó Andrés mientras descargaba la cesta de la compra en la cinta del supermercado.

—Muchas, Andrés, muchas, pero nos vendrán bien. No se estropea, tiene muchas proteínas, vale para una ensalada, un bocadillo e incluso te lo puedes comer a palo seco.

—¿Pasa lo mismo con la harina de avena? Llevamos ocho kilos —me replicó con sorna.

—Lo mismo, no da guerra, alimenta y es barato.

—¿Tan ajustados vamos de presupuesto?

—Ni te lo imaginas.

—Me estás acojonando.

—Shhh, no digas tacos. —Me reí.

No era una broma. Nuestra conversación en Guadalajara antes de partir hacia Normandía versó sobre lo justos que íbamos económicamente. Nada de comidas en restaurantes: había que comprar en supermercados lo del día y que no se tuviera que cocinar, nada de caprichos extras, solo lo imprescindible, y en cuanto a dormir, nada de hoteles, solo nos hospedaríamos en uno cada dos o tres días para adecentarnos y recuperar fuerzas, el resto dormiríamos en el coche y en la tienda de campaña. Lo bueno es que a nadie le pareció mal, lo hacía todo más emocionante, y nos propusimos conseguirlo como si de un reto personal se tratara.

Pasado Burdeos, después de hacer noche, paramos en un lago que vimos desde la autopista. Lo que iba a ser una breve parada para echar un vistazo acabó siendo una larga excursión matutina que se prolongó durante dos o tres horas. Paseamos bordeando la orilla hasta que nos adentramos en el lago por una pequeña península que apuntaba al centro del lago. A medida que avanzábamos se iba estrechando, hasta que llegamos a su final y nos tumbamos en la yerba a dar cuenta de nuestras vituallas. Después lanzamos piedras para que rebotaran en el agua, nos hicimos fotos al paso de una bandada de cisnes y les conté a cada uno su nacimiento como mandaba la tradición familiar.

Era algo que solía hacer mi padre cuando íbamos de viaje. Nos narraba a todos los hermanos, uno a uno, cómo vinimos a este mundo, dónde estaba él cuando se enteró y cuál fue su reacción. Claudia y Andrés reaccionaron igual que nosotros al escucharlo, con atención, sintiéndose queridos e intuyendo el misterioso significado de haber nacido. Y **yo se lo relaté a ellos como lo hacía mi padre, con orgullo, felicidad y algo de nostalgia mal disimulada.**

La playa de Omaha no nos volvió locos. No porque no fuera bonita, que lo era, sino porque nuestras expectativas eran otras. **Había más verdad en las trincheras de Verdún y en los barracones de Auschwitz;** allí, sin embargo, tuve la sensación de que se intentaba dar una capa de barniz al horror. Las banderas flameaban demasiado altivas para mi gusto y todo aparecía exageradamente limpio y ordenado. Pero también puede ser que viera las cosas así porque me gustaban más los ratos juntos en el coche.

Disfrutaba mucho más viendo sucederse los distintos paisajes, parando donde nos diera la gana, conversando, riéndonos y saboreando la sensación de ausencia de prisa por llegar a los sitios. Aun con todo, nos quedamos un par de días recorriendo los alrededores antes de iniciar el camino de regreso.

Al sentarnos a planificar la vuelta, nos dimos cuenta de que nos quedaba menos presupuesto del que pensábamos. La única manera de llegar a casa era volviendo por carreteras secundarias para evitar peajes, circular a baja velocidad para ahorrar gasolina y, por supuesto, tirar de tienda de campaña para hacer noche.

La primera parte del viaje fue viento en popa. Estábamos de buen humor y confiábamos en nuestras fuerzas. Fuimos entreteniéndonos, poniendo listas de canciones que íbamos pasando hasta que aparecía alguna capaz de hacer que nos arrancásemos los tres. Si cumplía ese requisito, pasaba a formar parte automáticamente de una colección especial que usaríamos en próximos viajes. Jugamos también a contarnos nuestras escenas de películas preferidas, al veoveo, a sumar matrículas y otras cosas parecidas hasta que llegó la hora de hacer noche.

Dormimos poco porque trasnochamos, era imposible no hacerlo. Lo mejor del viaje estaban siendo los ratos antes de irnos a dormir, en los que repasábamos entre risas los acontecimientos del día. Fiel a la promesa que me había hecho a mí mismo, procuraba exprimir cada segundo que estuviera con ellos. Lo que más me gustaba era verlos hablar entre ellos ajenos a mí, me daba esperanza.

Siempre me había preocupado mucho que mis hijos se quisieran y que se mantuvieran unidos toda la vida, a pesar de mí.

Así que, cuando los veía de esa manera, me dedicaba a observar todos y cada uno de sus gestos procurando grabarlos a fuego en mi memoria y en mi corazón. Seguramente debido a ese cansancio, a la mañana siguiente vivimos un momento de tensión entre nosotros.

Salimos relativamente temprano a pesar de lo tarde que nos habíamos acostado. Es lo que tiene acampar; en cuanto sale el sol, es complicado pegar el ojo. Aunque solo parecía afectarme a mí; Andrés y Claudia se acomodaron en sus asientos y siguieron durmiendo a pierna suelta. A las dos horas estaba que me caía de sueño y perdí la perspectiva. Me entraron las prisas y, en vez de considerar parar y descansar tranquilamente, me dio por despertar a Claudia para que me sustituyera al volante. Ella se negó en rotundo, como era de esperar, porque también estaba cansada, pero yo entré en modo *frenético* y se lo recriminé. Que si sois unos egoístas, que si yo aquí conduciendo y vosotros durmiendo, que si no vuelvo a viajar con vosotros y bla, bla, bla. Claudia, crispada por la abrupta manera con la que la había sacado de sus sueños, no se callaba y la discusión fue poco a poco subiendo de tono. Cuando ya no podía más, busqué un lugar apropiado para parar y salí del coche dando un portazo.

—¿Adónde va papá? Pero… ¿qué le pasa? —fue lo primero que dijo Andrés, extrañado, mientras se frotaba los ojos después de despertarse con mi portazo.

—Déjalo que se dé una vuelta, a ver si se calma un poquito —le contestó Claudia mientras se acomodaba para seguir durmiendo.

Estábamos rodeados de un frondoso bosque en el que me perdí haciendo aspavientos y hablando solo hasta que me senté apoyado en el tronco de un árbol. Procuré meditar, me concentré en mi respiración como había aprendido y empecé a calmarme. **Primero se hizo un silencio, el mundo pareció callarse y, a continuación, poco a poco, a medida que me concentraba, empecé a percibir el acogedor rumor del bosque.** Mis propios latidos fueron armonizándose con el susurro de las hojas mecidas por el viento, con los chasquidos de la maleza, con el zumbido de los insectos, y llegué a sentir durante unos instantes que yo también formaba parte de todo aquello. Ya sereno, pensé en la discusión con Claudia y sin darme cuenta empecé a sonreír.

Volví al coche poco después, entré y, sin mediar palabra, me puse otra vez en marcha. Se respiraba calma, aunque algo tensa, y así anduvimos unos cuantos kilómetros sin saber cómo romper el hielo. Vi por el espejo retrovisor como Andrés se asomaba entre los dos asientos delanteros. Toda su expresión corporal indicaba que estaba a punto de decir algo.

—Papá —empezó diciendo lentamente—, parecías un loco andando solo por la carretera…

—Sí, bueno…, lo siento mucho, es solo el cansancio, que me ha jugado una mala pasada.

—No te preocupes, pero más que el cansancio yo creo que has tenido un subidón de mercurio.

—¿Un subidón de mercurio? —intervino Claudia.

—Sin duda, lleva todo el viaje comiendo latas de atún como si no hubiera un mañana.

Y a continuación, tras unos instantes, empezamos los tres a reírnos a carcajadas. Decidimos volver a parar, esta vez en una cafetería, y mientras desayunábamos repasamos lo que había sucedido ridiculizándolo y haciendo bromas. Luego aparqué a la sombra y descansamos un buen rato antes de ponernos en marcha de nuevo.

Mientras intentaba dormir un poco con ellos al lado, me sentí inesperadamente desahogado y contento.

Detrás de todos y cada uno de los enfados, discusiones, batallas y perdones que durante mucho tiempo tuve con unos y con otros, se escondía un enrevesado y confuso entramado emocional compuesto de decepciones, culpabilidad, tristeza e impotencia.

Después de cada asalto contra el mundo, me quedaba hecho trizas, dudando de mis razones y con la sensación de que, en vez de ir solucionando mis problemas, cada vez me alejaba más de los asideros que podían frenar la caída libre de mi espíritu. **Desde que me perdiera, cada pensamiento, cada instante de mi vida, cada acto se convertía en una trampa que siempre acababa en llanto.**

Luego, exhausto, cuando creía que no me quedaban lágrimas, intentaba, para poder seguir adelante, relegar cada uno de mis fracasos al olvido. Solo conseguí que se fueran acumulando en mi corazón en una suerte de vertedero que con el tiempo acabo rebosando, demostrándome que también se puede llorar eternamente.

Pero hay cabreos y accesos de locura que merecen la pena. La intrascendencia del que acababa de vivir en una carretera secundaria de Francia con mis hijos era un síntoma inequívoco de normalidad, algo que no experimentaba desde hacía eones. Por primera vez en mucho tiempo no tenía nada que lamentar, bastaba un simple «lo siento» para que durante un rato se abrieran las puertas de la felicidad y para hacer acopio de una bonita y divertida historia que hoy en día seguimos recordando, en mi caso como si de un tesoro se tratara.

Nunca he sido tan feliz

Seguimos adelante, cantando y riéndonos, por carreteras de segunda, cruzando los Pirineos por Roncesvalles, donde nos detuvimos a comer, y después pusimos por fin rumbo a casa. La última parte del viaje fue muy divertida.

A unos doscientos cincuenta kilómetros de Guadalajara, gastamos nuestros últimos veinte euros en gasolina. Se mezclaron la ilusión de conseguir llegar con la pena de que nuestro periplo tocara a su fin. **Mientras conducía, pensaba que nunca había sido tan feliz y me sentí profundamente agradecido por estar con mis dos hijos.** También reconocí la deuda impagable que tenía con sus respectivas madres y que no había saldado aún. Mi relación con ellas nunca había sido fácil, sufrieron mucho conmigo y no fui justo, pero, a pesar de las dificultades que atravesé con ellas a lo largo del tiempo, fueron las que cuidaron con inmenso amor a mis hijos, intentaron llenar mis vacíos y nunca les hablaron mal de su padre, al que siempre acogieron cuando hizo falta. Si estaban allí conmigo era gracias a todo su cariño y a todos sus esfuerzos.

Un par de días después, Claudia y yo esperábamos sentados en la escultura *El viajero,* en la estación de Atocha, a que llegara el tren que la llevaría a Málaga para pasar un tiempo con su madre. Andrés aún se quedaría conmigo un par de días antes de volver con la suya y había preferido quedarse en casa para descansar de tanto coche.

—Puede que no lo diga, quizá no sepa aún cuánto, pero Andrés te necesita —me dijo.

—Lo sé…, lo sé, yo también lo necesito.

—Tienes que acercarte.

—No es tan fácil, tengo miedo.

—¿De qué?

—De que no me entienda, de que no me perdone.

—¿Por qué crees que no lo hará?

—Yo tardé años en entender al mío.

—Papá, es mentira lo de que estamos condenados a que se repitan las mismas historias.

—No estoy tan seguro, por lo menos en parte. ¿Sabes que no ha hecho aún Andrés y que, al igual que yo, hará?

—¿Qué?

—Enfadarse y reprochármelo todo. No falta mucho, se está haciendo mayor.

Soñar contigo

Cuando Andrés cumplió los diecisiete años sucedió, se enfadó por fin y, aunque me lo esperaba, fue muy doloroso. Estuvimos un año prácticamente sin vernos y sin hablarnos. Su dique se rompió un día que me atreví a darle un consejo sobre sus estudios y su vida.

—Nunca has estado y ahora te crees con el derecho de decirme lo que tengo que hacer.

Los dos nos gritamos. Él, reprochándome mis ausencias; yo, tratando de explicarle mi enfermedad, y en todo ambos teníamos algo de razón. Sin embargo, la razón no tenía vela en ese entierro, solo su dolor y mi culpa, cosas que ninguno de los dos nos merecíamos.

La vida es así, bella e injusta, y por mucho que creamos que tenemos derecho a la felicidad y que no merecemos muchas de las cosas que nos suceden, la verdad es que al universo no le importa demasiado el efecto que sus caprichos y su indolencia producen en nosotros.

Fue muy duro que no quisiese saber de mí durante tanto tiempo. No sabía qué hacer ni cómo reaccionar ante mis propios pensamientos.

Unas veces pensaba que me odiaba; otras, que le era indiferente; algunas, confiaba en su perdón, y en ocasiones, cuando el dolor se volvía demasiado incandescente, intentaba resignarme —por supuesto, sin éxito— a que nunca lo recuperaría. Pero también fue un año de aprendizaje. Con o sin razones, él me había estado esperando durante años en sus cumpleaños, en sus fines de curso, en los momentos complicados de su vida, y ahora me tocaba a mí ser paciente.

Lo único que podía hacer era apaciguar mi incertidumbre de la mejor manera posible y no dejar nunca de mandarle mensajes para decirle que lo quería con toda mi alma y que seguiría esperando hasta que él lo necesitara. Como único consuelo tuve a Morfeo, que fue muy generoso conmigo. **Soñaba con mi hijo muchas veces, cada vez más, y en todos mis sueños aparecíamos juntos, él siendo aún un niño, compartiendo todos los momentos que nunca viví ni viviría ya junto a él.**

—¿Papá? —sonó su voz al teléfono; era la primera vez que la oía desde hacía un año.

—Andrés…, hola, hijo mío. Mira, es que…, verás… —no conseguía hilar dos palabras seguidas—, estoy aquí, en tu portal. He venido desde Madrid… y… no pasa nada si no quieres, pero… me gustaría verte…, aunque sea solo para darte un abrazo y me voy.

—Dame un momento y bajo.

Aunque estaba contento por poder verlo, seguía sin saber qué iba a pasar. Fueron los diez minutos más largos de toda mi vida. Estaba esperándole a unos metros del portal cuando escuché que se abría la puerta. Cuando salió no me vio y avanzó por la acera en dirección contraria a la que yo estaba. Quise gritar su nombre, pero algo me detuvo y durante unos instantes me quedé observándolo mientras se alejaba. Hacía muchos años que mi padre me había mirado igual sin que yo me diera cuenta.

Yo tenía la misma edad que Andrés en ese momento, dieciocho años recién cumplidos, y él me esperaba en el coche mientras yo cruzaba la calle. Cuando entré, le pregunté por qué tenía los ojos llenos de lágrimas, y él me contestó que solo eran de orgullo.

—Psssst, psssst…, Andrés —dije por fin.

Se giró y nuestras miradas se encontraron. No dijimos nada, solo avanzamos el uno hacia el otro hasta que nos fundimos en un abrazo. Mientras le acariciaba la cabeza y le besaba el rostro, todo lo demás, incluida la vida y la muerte, dejó de tener importancia para mí y a la vez todo adquirió sentido. Vertí entonces exactamente las mismas lágrimas que mi padre vertiera antaño al verme cruzar la calle y solo alcancé a decir:

—Hijo mío, hijo mío…, perdóname…, perdóname.

11

Los pies en la tierra

Me había apartado de todo y dedicado casi todo mi tiempo a mi búsqueda espiritual. Pero como la vida es optar continuamente por una cosa u otra, llegados a un punto, **tuve que elegir entre convertirme en una suerte de eremita, cosa que me tentó durante un tiempo, o poner los pies en la tierra y volver a trabajar, que, además, nos hacía falta.**

Lo del eremita no es broma. Orientar la mirada hacia el sufrimiento de los seres vivos en general asombra, te deja estupefacto. Asombra porque es lo que más abunda, está por todas partes, y comprobar lo útil que es tender la mano para ayudar le da peso a la idea de dejarlo todo para dedicarse a los demás. Sencillamente no lo hice porque no estaba ni estoy capacitado.

Digamos que no se me daba mal jugar al balón, pero nunca llegaría a ser como Messi.

Las personas que son capaces de entregarse de esa forma son especiales, únicas, inigualables en su capacidad de sacrificio e inalcanzables en generosidad de corazón.

No me quedó más remedio que ser fiel a mis limitaciones, algo que nunca había hecho y que resultó muy saludable y liberador. No solo en lo que se refiere al ejercicio de la compasión, sino en todos los aspectos de mi vida. **Dejar de querer ser para, sencillamente, intentar ser fue un alivio para mí, y mis búsquedas cobraron por fin sentido.**

Recibí inesperadamente una llamada para volver a trabajar en la televisión. Fue una de esas ocasiones en las que uno se cuestiona si algunas de las cosas que nos pasan en la vida surgen por casualidad o propiciadas por los hados. Había intentado volver hacía unos meses sin éxito; me dijeron que en ese momento no era posible, lo que me permitió seguir con mis retiros, voluntariados y trabajo personal.

Cuando, pasado el tiempo, ya sin esperarlo, volvieron a llamarme, no pude evitar pensar que mi ángel guardián había preferido esperar a que estuviera más preparado antes de incorporarme a lo que llamamos *vida normal* para enfrentarme a mi siguiente reto personal, conciliar lo espiritual con lo mundano.

Para mantener la armonía entre una cosa y otra tenía que confeccionarme una agenda vital acorde a mis verdaderas posibilidades en la que no persiguiera metas inalcanzables o que no merecieran la pena.

Lo más importante era mantener el voluntariado. Mi pasado era en cierta manera una gran lección que la vida se tomó la molestia de darme. Me lo dio todo, familia, fama, dinero, parejas e hijos, y luego me lo quitó para, a continuación, preguntarme qué era lo que más lamentaba haber perdido.

La respuesta fue todo el amor que no les di a quienes lo esperaban y todo el tiempo que malgasté pensando en mí mismo, tiempo que jamás volvería. No quería dejar de tener presente nunca más lo efímero de la existencia, por eso mantener el voluntariado era para mí muy importante. Desde que lo había descubierto, se había convertido en mi brújula. Mantener el contacto con la enfermedad, la soledad, la muerte es mi antídoto contra el olvido, me recuerda continuamente qué es lo más importante para mí y lo frágil que es nuestra vida.

Reajustar mi disponibilidad para ayudar a los demás fue fácil, bastó con asignarme uno o dos días por semana para llevar a cabo ese fin. Sin embargo, me iba a resultar más complicado poner a prueba lo aprendido dentro de mi rutina cotidiana. A la compasión, la paciencia y el pensamiento altruista les cuesta navegar sin zozobrar en el caótico mar de prisas y distracciones de nuestra sociedad; las ciudades son el peor sitio para intentar ser buena gente. Para facilitar la navegación, apunté minuciosamente lo que hacía en un día normal de mi vida desde que me despertaba hasta que me acostaba para ir haciendo los arreglos pertinentes.

Me sirvió de mucho anotarlo para reflexionar sobre cómo los estaba viviendo. A simple vista, no parecía haber nada extraño, daba la sensación de que estaban llenos y, sin embargo, faltaba algo. «¿Qué me estoy perdiendo?», me repetía a mí mismo sin cesar.

—¿No lo ves? Empiezas a correr desde que abres los ojos y no paras hasta que te duermes otra vez. Vas de aquí para allá, tanto física como mentalmente, mientras haces cientos de cosas de manera automática. A lo largo del día experimentas una montaña rusa de emociones. Alegría, tristeza, calma, inquietud, temor y coraje se suceden sin descanso en tu mente. Haces tantas cosas que te olvidas de la más importante…: te faltan las ocasiones para estar contigo mismo.

Introduje entonces pequeños cambios en mi día a día que me facilitaran la conexión conmigo mismo y con el mundo. Me prometí, por ejemplo, que cada día, al despertar, me sentiría agradecido por el mero hecho de estar vivo y me recordaría que vivir un día más supone una nueva oportunidad, sea cual sea el error que hayamos cometido. Me propuse, además, meditar cada día para vigilar mis pensamientos, pasear a menudo tomando nota de todos los amaneceres y atardeceres posibles, y exprimir cada segundo de cotidianidad junto a mi mujer y mis hijos. Desde entonces, antes de levantarme, apuro el tiempo remoloneando en la cama junto a Angélica, aun a riesgo de llegar tarde a mis citas, y voy consiguiendo poco a poco no darme tanta importancia a mí mismo.

Mi vacío se ha llenado

Las persianas estaban medio cerradas, solo se oía el crepitar del fuego en la chimenea y el rumor de la telenovela de fondo. Me deslicé del sofá con cuidado para no despertar a Angélica y fui a la cocina a prepararme un café. Cuando volví, me senté en el borde y me quedé observándola. Dormía envuelta en una manta de terciopelo azul con la cabeza apoyada en un cojín.

Llevábamos unos días esperando el resultado de unas pruebas médicas, las segundas que le hacían, que descartarían que el bulto que le habían detectado en un pecho fuera un tumor maligno.

«Seguro que no es nada», es la frase que más nos decíamos durante la larga espera, pero durante esos días estuvimos engañándonos el uno al otro sobre la dimensión de nuestras preocupaciones.

Por muy positivo que pudiera estar, no podía ni quería evitar ponerme en ocasiones en lo peor. Antes lo hubiese evitado, pero la meditación me había enseñado que es mucho más beneficioso observar los miedos y temores que volverle la cara a la realidad. La realidad, al final, era la misma de siempre, la despedida de todas las cosas. Esa misma que solemos olvidar hasta que, como en este caso, viene a llamar a nuestra puerta o pasa cerca.

Aparté con cuidado el pelo de su rostro y me detuve para repasar sus delicadas facciones. Pensé en que algún día, por muy lejano que pudiera estar, pasaría. Llegaría el momento en el que tendría que despedirme de ella con tan solo una vaga esperanza de volver a verla en otro lugar. Pude imaginar, contemplándola, el inmenso dolor y la tremenda soledad que, por mucho tiempo que pudiéramos compartir o por muy fiable que fuera la promesa de otra vida, sentiré cuando tenga que separarme de ella.

Eso mismo que antes se me hacía insoportable es ahora la fuente de mi ilusión y me da fuerzas para vivir

disfrutando de las pequeñas cosas. He entendido que no se puede esquivar a la muerte, que no serán fáciles las despedidas y que nunca entenderé a Dios.

Teniendo en cuenta la irreversibilidad de tantas cosas, lo más sensato es no olvidarlo y disfrutar de la sencillez del momento presente reparando en todos los milagros que nos rodean.

Para mí es un milagro abrazar a Angélica en un sofá un sábado por la tarde y sentir como mi miedo y mi soledad se desvanecen, es un milagro descubrir que tengo entre mis brazos todo lo que necesito y que en su refugio se llenan todos mis vacíos.

Si me tocara la lotería, lo dejaría todo. Mi trabajo, mi casa, mi ciudad e incluso mi país si hiciese falta quedarían atrás. Me bastaría con un terrenito cerca de la playa en el que cupiesen una modesta, aunque acogedora, casa para vivir y tres o cuatro bungalós para alquilar a turistas a ser posible poco ruidosos.

En el centro de mi salón diáfano habría una gran mesa sobre la que esparcir mi desorden y sus paredes estarían llenas de estanterías repletas de libros. Los iría devorando por las tardes después de llenar mis mañanas de amaneceres, de paseos por la orilla del mar junto a Angélica, de objetos encontrados en la arena por mi detector de metales, de ensaladas de lechugas frescas del huerto de algún vecino generoso o de doradas recién salidas del mar.

Por las noches me quedaría a solas escribiéndoles cartas a mis hijos a la antigua usanza, con su sobre y su sello, para que puedan guardarlas y releerlas cuando hayan pasado los años y así no olvidar lo mucho que los quería. **Durante el tiempo que me quedara procuraría no odiar, no desear, restarme importancia y ayudar a los demás.** Y, para acabar, me encantaría morirme viendo un último atardecer en el mar entre los brazos de mi mujer.

Lo reconozco, es un sueño prácticamente imposible y no me importa que así sea. Cada vez quiero y espero menos cosas, cada vez me conformo más con lo que tengo y con lo que soy. Sin embargo, he decidido dejar abierta una pequeña ventana para darle alas a algún que otro sueño hermoso. Ya sabéis, nunca se sabe…

Lo más importante del mundo

Mi adicción, la pérdida del prestigio profesional, la ruptura con mi familia, mi papel como padre, la visión sobre mi pasado, la incapacidad para disfrutar de la vida eran algunos de los problemas que había tratado de solucionar durante muchos años, fracasando siempre. Si pude por fin llevar a cabo todos los reajustes vitales y prácticos necesarios para encauzar mi vida, fue gracias a que me di cuenta de que tantos problemas eran en realidad solo uno del que se derivaban todos los demás.

—Francamente, no sé cómo lo voy a hacer.

Mi voz y yo contemplábamos desde lo alto de un precipicio un profundo valle sobre el que planeaba un grupo de águilas con sus alas extendidas.

—Sí, he conseguido cierto orden, cierta calma, pero son los mismos problemas de siempre. No sé ni por dónde empezar.

—Es solo cuestión de prioridades… ¿Qué es lo más importante del mundo?

—¿Mis hijos? —Mi voz negó con la cabeza—. ¿Mi familia?, ¿el trabajo?, ¿los voluntariados?, ¿el dinero?

Siguió negando.

—Lo más importante del mundo es la mente.

El problema era mi mente. ¡Ojito con la mente! Hasta ese momento nunca había considerado debidamente la importancia de la mente.

Nuestra mente es la que desea, compite, sufre, juzga y cree incluso en cosas que no existen.

En ella nacen nuestros pensamientos, nuestras emociones, y se cuecen nuestros actos; es la que hace que percibamos la realidad de una u otra manera. La mente es en cierto modo la dueña de todo.

Con ella caben dos opciones: dejar que campe a sus anchas, lo que nos trae infinitos problemas, o tratar de ponerla a nuestro servicio disciplinándola a través de la meditación. Para mí todo fue posible cuando empecé a entender cómo funcionaba y cuáles eran sus necesidades; solo entonces pude reorientar mi vida. En esencia, lo que la mente necesita para su correcto funcionamiento es *buen rollo.* No me refiero a dejarse llevar en una fiesta jamaicana a lo Bob Marley, sino a procurarle calma, paz y sencillez. Cosas que se consiguen preocupándose de cultivar nuestra parte espiritual, algo que yo nunca había hecho.

Como ya os he dicho, no es nada fácil. Mi mente era indisciplinada, caprichosa y egoísta. Moldear y vigilar mis pensamientos requiere esfuerzo, constancia y dedicación, pero estoy contento, da sus frutos. Desde que procuro vivir entendiendo y dando, tengo muchas menos cosas de las que arrepentirme y sé por fin dónde están mis refugios; me gustan tanto que acudo a ellos cada día, aunque no haya temporal del que guarecerse.

Yo me encontraba en un estado de desesperación del que no podía salir. Lo había intentado todo, pero siempre bajo las mismas creencias, y mis motivaciones nunca terminaban de estar claras para mí. No me daba cuenta de que el error estaba en que, en general, pensaba equivocadamente.

Me pregunté qué novedad podía introducir en mi vida que me aportara nuevas experiencias y me sirviera para ver las cosas de otra manera. Entonces me acordé de una escena muy lejana en el tiempo. Yo era muy niño aún cuando mis padres llegaron a casa con una visita y me llamaron para que fuera a saludar.

En aquella época, mis padres se interesaron por la meditación y aquel era su profesor. Después de los saludos y presentaciones habituales, el señor me contó que todos tenemos una palabra especial que nos puede ser muy útil durante toda la vida, y me preguntó si quería que me dijera la mía. La palabra era secreta, y la condición era que jamás podría revelársela a nadie. Vacilé un par de segundos y salí disparado para encerrarme en mi cuarto. No fue porque no me interesara, al contrario, quería saber cuál era mi palabra, me moría de curiosidad, y tomé la condición como sagrada. Pero en aquel momento estaba convencido de que toda la vida era mucho tiempo y que no podría cumplir mi promesa de no revelarla. Hoy en día sigo preguntándome cuál sería aquella palabra.

Después de aquello no volví a tener ningún contacto con nada que tuviera que ver con la meditación hasta el momento en que, desde mi punto de vista, más perdido y desesperado estaba. ¿Casualidad? Que cada uno crea lo que quiera, la cuestión es que quise empezar a meditar.

Me propuse aprender y, después de valorar varias opciones, elegí la filosofía budista y su método como vía de aprendizaje. Pero esa fue mi elección, con eso os quiero decir que no tiene por qué servirle a nadie más. Creo firmemente en que cada uno de nosotros tiene su propio camino, sus propios estimulantes intelectuales y vitales para conseguir reencontrarse consigo mismo y con su esencia más pura. De lo que se trata es de buscarlo o de tener los ojos bien abiertos por si se nos cruza en el camino.

Personalmente, la filosofía budista me convenció por varios motivos. Lo primero que me gustó fue que Buda no era ningún dios, era una persona normal, por lo que sus logros son asequibles para todos. **Otros referentes divinos me imponen demasiado; la gran mayoría tiene la costumbre de prometerte caminar eternamente por las brasas de algún infierno si no te comportas como es debido y a veces piden cosas imposibles.** Lo segundo es que propone una vía espiritual con un método lógico para alcanzar lo que los budistas llaman la *liberación.* Por otro lado, permite la crítica: sus enseñanzas pueden y deben ser examinadas para aceptar lo que es razonable y descartar lo que no lo es.

La filosofía budista se sustenta en una lógica basada en la observación de la realidad, a través de la meditación, y de la importancia de aceptarla tal y como es. Y solo a través de cualidades como la bondad, la empatía, la generosidad, la paciencia o la compasión podemos alcanzar nuestra plenitud y armonía como seres humanos. Pueden parecer palabras extraídas de un libro de religión, pero varios estudios científicos también respaldan que vivir con empatía y generosidad produce efectos beneficiosos en nosotros mismos.

Cuando hay abandono, ausencia de amor, violencia, odio, ira, envidia, egoísmo, ambición, etc., nuestra mente se altera. Por el contrario, si nos nutrimos de amor y de generosidad, seremos más felices y estaremos en paz.

Para mí, el objetivo principal de la meditación es disciplinar mi mente para conseguir librarme de las emociones que la perturban. Así, puedo observar y analizar lo que es perjudicial.

La ciencia actual sigue sin saber muchas cosas de la mente y de la conciencia, pero coincide con el budismo en que nuestro pensamiento (esa corriente incesante de ideas y creencias que se relacionan entre sí) puede provocar en nosotros emociones como la ira, la tristeza, el sufrimiento o el amor, y estas a su vez condicionan nuestra vida a través de nuestros actos y sus consecuencias.

El experimento

Ese flujo continuo y desordenado de pensamientos es algo fácilmente comprobable a través de un sencillo ejercicio mental. La primera vez que hice este experimento me sorprendí mucho y me sirvió para avivar mi interés por la meditación.

Se trata de sentarse relajadamente en un sitio tranquilo durante diez minutos procurando observar los pensamientos, sin seguirlos ni rechazarlos. Lo que se comprueba en primer lugar es la rapidez con la que se suceden en nuestra mente, sin dejar prácticamente espacio entre uno y otro.

Si se observan más detenidamente, se descubre que cada uno de ellos provoca algo en nuestro interior. Si pensáis en alguien que consideráis vuestro enemigo, sentiréis odio, rabia; si pensáis en vuestros hijos, preocupación o amor; si pensáis en un paisaje hermoso, probablemente calma, y así con todos ellos. **Cada una de esas emociones nos incita a tomar decisiones, a actuar de una u otra manera en nuestra vida cotidiana; nuestros pensamientos son los precursores de las decisiones que tomamos.**

La siguiente pregunta que hay que hacerse es si esos pensamientos y emociones son los correctos y los controlamos o si, por el contrario, nos dominan ellos a nosotros. La respuesta es que, en general, nuestra mente es tremendamente indisciplinada y nos engaña respecto a muchas cosas, sobre todo en cómo percibimos la realidad de las cosas.

La meditación ha sido el descubrimiento más beneficioso como ser humano que he encontrado en toda mi vida. Empecé a meditar en noviembre de 2016, no se me olvida la fecha, y desde entonces mi manera de pensar y de ver las cosas cambió de forma radical. **Me dio las herramientas para abandonar definitivamente mis adicciones, los ansiolíticos y otras medicaciones que tomaba, recuperé a mi familia y reconstruí mi economía y toda mi vida en general.** Desde entonces, soy capaz de controlar mejor mis temores y me siento más arropado.

Hay otras cosas importantes para tener en cuenta a la hora de armonizar nuestro interior, como pueden ser **la motivación y la entrega.** Tenemos que estar seguros de querer cambiar; luego, averiguar qué es exactamente lo que no nos conviene, disponernos a desechar sin temor nuestra habitual manera de pensar y a abrir la mente a nuevas visiones, enseñanzas y experiencias. **Hay que domar la resignación, la impaciencia, el aferramiento, las expectativas, y entender que el tiempo que lleve no solo no importa, si-**

no que juega a nuestro favor, no se tarda mucho en descubrir que cuanta más luz se busca, más se encuentra.

Reconocer que no nos bastamos solos, que nuestras fuerzas flaquean, que nuestras capacidades son limitadas y que nuestra manera de pensar habitual no funciona es otro paso fundamental. Es bueno admitir que no podemos con todo y que ha llegado la hora de confiar en los demás. Muchas veces nos resistimos, y tiene mucho que ver nuestra manera de vivir. Cada vez estamos más aislados, más encerrados en nosotros mismos, más convencidos de que nuestra particular manera de pensar y ver las cosas es la mejor y la más adecuada, y más reacios a admitir, incluso ante nosotros mismos, que estamos equivocados.

La creatividad es otra magnífica herramienta. Resumiendo, la idea es que vale cualquier cosa que nos sirva para asomarnos a nuestro interior y que nos conecte con nuestro mundo espiritual.

No todo es sentarse entre velas e inciensos con las piernas cruzadas. Nuestra imaginación y capacidad de observación juegan un importante papel. Hay muchas cosas que podemos hacer y otras que podemos ver desplegadas por el mundo, capaces de invocar nuestros mejores dones.

De hecho, a lo largo del día vemos y oímos muchas cosas que nos emocionan, que provocan nuestras lágrimas o que hacen brotar nuestra compasión: la escena de alguna película, una melodía, un verso, una flor, ver el sufrimiento ajeno, una noticia esperanzadora, un reencuentro entre familiares que no se han visto en años.

El ejercicio consiste en recrearnos en ellas, en no dejar pasar esas emociones sin prestarles la debida atención, en enorgullecernos de nuestro lado más vulnerable y humano.

—No deberías darle tantas vueltas —dijo mi voz.

—¿A qué te refieres?

—¿Cuál es el sentido de la vida? ¿Qué hay más allá de la muerte? ¿Por qué sufrimos? ¿Qué quiere Dios?

—La verdad —contesté riéndome— es que a Dios, sea el que sea, no parece interesarle que lo entendamos. De no ser así, nos habría dado las herramientas.

—Me alegra oírte decir algo así. ¿Sabes qué es lo único que podemos decir con seguridad que somos?

—¿Qué?

—Un misterio.

Agradecimientos

Cada año espero impaciente a que llegue la primavera para ver florecer los rosales que tengo en mi jardín. Su belleza en el apogeo de su floración es un espectáculo cautivador, pero, para que llegue ese momento concreto en el que los pétalos, ávidos de libertad, abran los capullos para desenroscarse exhibiendo su hermosura, tienen que pasar muchas cosas. Hay que podarlos en invierno, nutrir su tierra, regarlos, protegerlos, bañarlos en sol, quererlos, tener fe y paciencia. Solo así podrán brotar.

Para que cualquier cosa surja y desarrolle su esplendor tienen que darse las causas y condiciones correctas. Pasa con los rosales y con todo lo que existe, incluidos los pensamientos y la felicidad. Esta ley del universo junto con la de la impermanencia, es decir, que todo cambia, son innegociables.

Como seres humanos, tenemos la capacidad de crear o modificar algunas de esas causas y condiciones, pero hay cientos de ellas que están fuera de nuestro alcance.

Teniendo en cuenta estas premisas, resulta evidente que perseguir la felicidad, entendida como algo duradero a partir de cuya consecución solo sentiremos satisfacción, realización o gozo, es una peligrosa quimera. Somos lo que somos, las cosas y los fenómenos son lo que son y, por mucho que queramos, no podemos evitarlo. Sí podemos engañarnos, que es en esencia lo que hacemos hasta tal punto y desde hace tanto tiempo que ya no nos damos ni cuenta de que lo hacemos.

Querer cosas no tiene nada que ver con que podamos conseguirlas y no es verdad que todos podamos acceder ni siquiera a algo parecido a la felicidad. Para comprobarlo solo hay que echarle un vistazo al mundo: hay gente cuyas circunstancias no les permiten ni empeñarse.

Solo hay un camino ante nuestro sino: aceptarlo, entenderlo, trascenderlo y luego hacer lo que se pueda. Y todo eso depende de una sola cosa: nuestra mente. Por eso conocerla y entrenarla es tan importante; solo a través de ella se puede encontrar, por lo menos, esa paz que tanto ansiamos.

Yo lo intento a diario sabiendo que es un quehacer complicado que no se puede desatender ni solo día, ni una sola hora, ni un solo segundo. Lo hago siendo consciente de que, por muchos logros que obtenga, no dejaré de sufrir, llorar o lamentar cuando toque, pero os puedo garantizar que merece la pena. Desde que medito nada en el mundo ha cambiado, pero voy viendo las cosas de otra manera y mi vida no tiene nada que ver con lo que era antes, lo cual me motiva a no cejar en mi empeño por mucho o poco tiempo que me quede.

Hoy en día no sé cómo ser breve a la hora de escribir los agradecimientos de este libro que ahora tienes entre tus manos, porque, para ser justos, se lo debo a cientos de cosas que no puedo explicar, pero ante las cuales me asombro y me maravillo.

Éramos nada más y nada menos que viento cósmico, polvo de estrellas, materia y energía que, después de un largo viaje, se combinaron para llegar a vivir y tomar conciencia de este gran misterio al que por alguna extraña razón queremos dejar de pertenecer y que no siempre respetamos. Así que gracias a todo eso que se me escapa y, por supuesto, gracias a todos los que ahora me rodeáis, me queréis y confiáis en mí. Prometo hacer lo mismo con vosotros.

Y gracias especialmente a mi amigo Esteban, que se fue mientras escribía estas líneas que nunca podrá leer..., ¿o sí? Prefiero pensar que sí lo hará. Es la única manera de devolverle todo lo que él me dio: su sonrisa, su ilusión cuando le pedí permiso para escribir sobre él, su empeño en que fuera uno más de su familia y, por supuesto, la valiosa lección, impartida con el ejemplo de sus actos y su manera de pensar, de que la simplicidad es uno de los mejores sitios donde instalarse.